CARPE DIEM

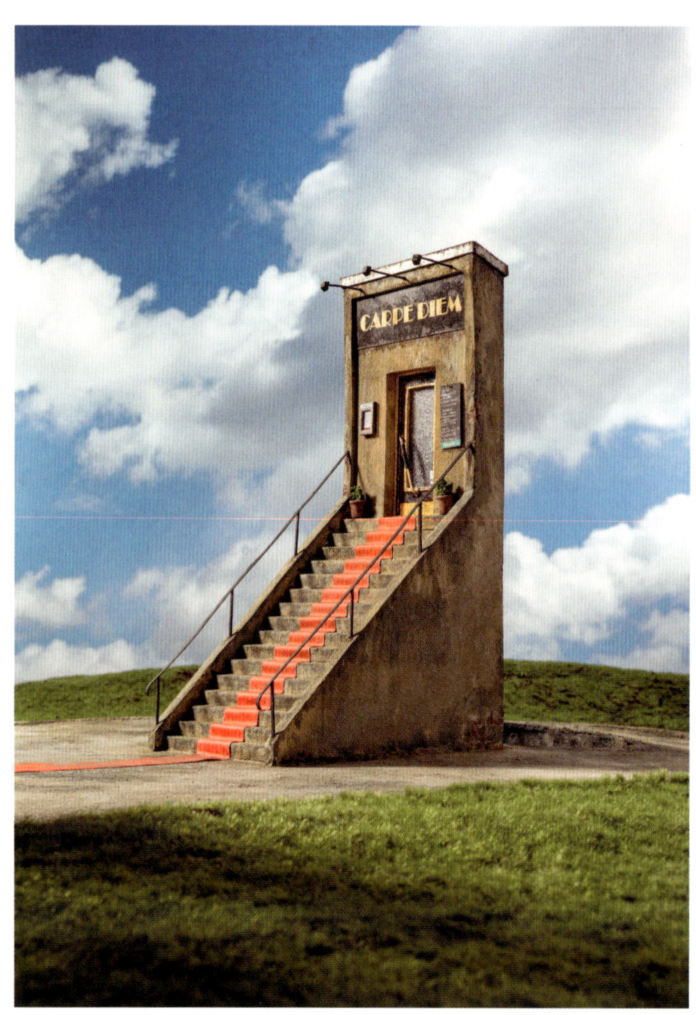

CARPE DIEM

FRANK KUNERT
CARPE DIEM

Mit einem Vorwort von Eva-Maria von Máriássy
und einem Interview von Peter Lindhorst

With a Foreword by Eva-Maria von Máriássy
and an Interview by Peter Lindhorst

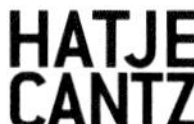

INHALT
CONTENTS

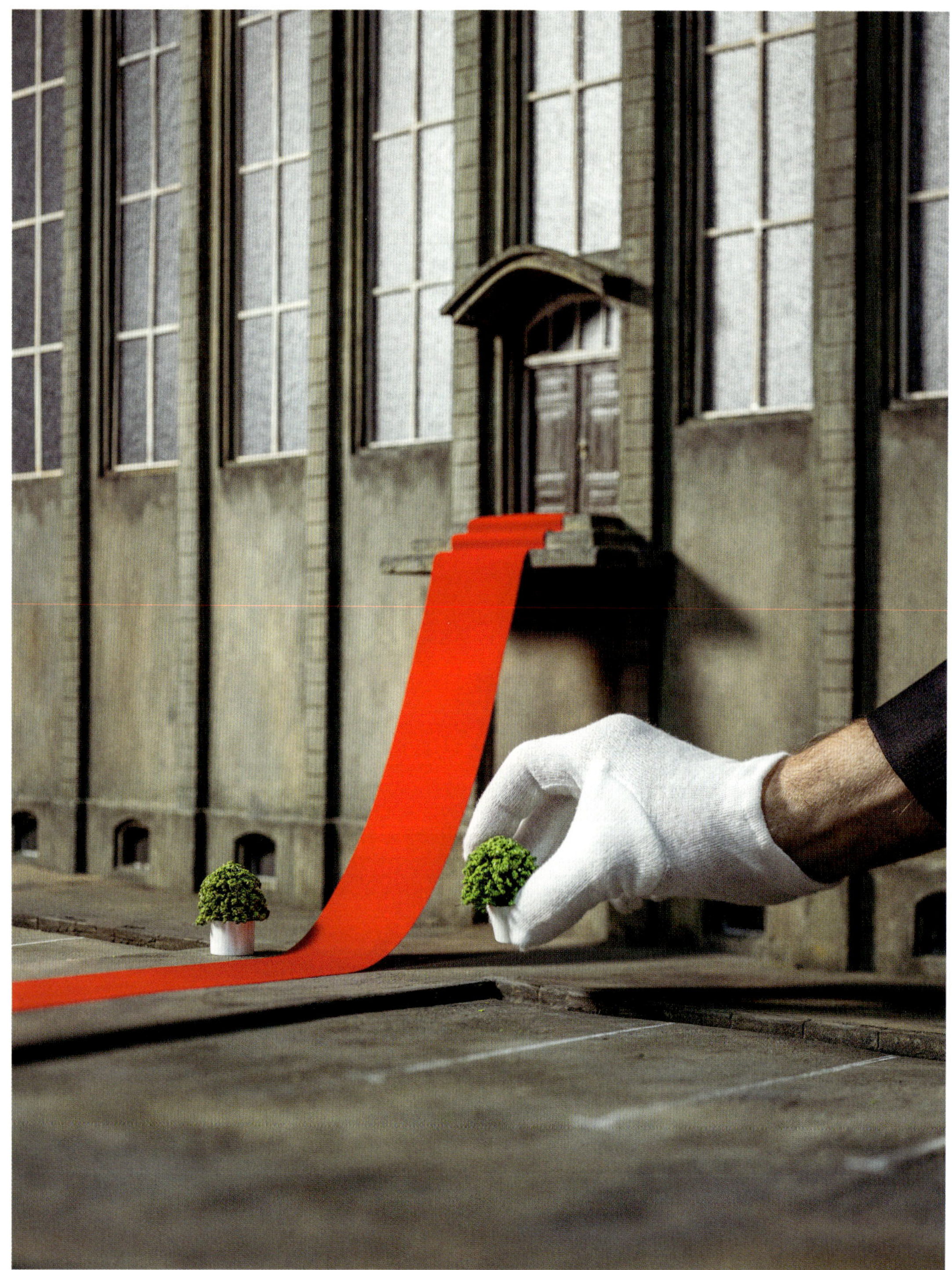

Die Kunst ist eine ernste Sache. Jeder, der schon mal auf der Vernissage eines zeitgenössischen Künstlers zugegen sein durfte, erinnert sich an schwarzgekleidete Damen und Herren, an deren grübelnden oder mürrischen Gesichtsausdruck, an die ehrfurchtsvoll gehauchten Kommentare, an die Andacht, mit der die ausgestellte Kunst und vor allem die Künstlerin oder der Künstler verehrt werden. Wie bei Trauerfeiern ist gedankenloses Kichern bei solchen Veranstaltungen nicht erwünscht und kommt auch nicht vor.

Die Kunst will ernstgenommen werden, die Künstlerin und der Künstler sowieso, das Publikum, also die Rezipienten und Interpreten der Kunst, wollen ebenfalls nicht belächelt werden. Im Spannungsfeld zwischen all diesen Teilnehmern gibt es erst recht nichts zu lachen. Insgesamt ist man im Kunstbetrieb darum bemüht, weihevolle Ernsthaftigkeit zu wahren.

Innerhalb der seriösen Kunst gibt es allerdings seit hunderten Jahren Versuche von Künstlern, durch Spott, Nonsens und Komik die demonstrative Erhabenheit des Kunstbetriebes aufzumischen. Diese Methode hat bisher noch nicht zu einem völlig entkrampften Verhältnis zum Publikum geführt. Es gibt aber nach wie vor Bemühungen von Künstlern, dem Humor zu seinem Recht zu verhelfen, ohne sich dabei in einer überheblichen Behandlung des Publikums zu gefallen.

In Zeiten des Umbruchs – der Globalisierung, der Digitalisierung und des Klimawandels – fürchten viele Mitmenschen die daraus folgende Verunsicherung und

Art is a serious matter. Anyone who has ever attended a contemporary artist's opening will recall women and men dressed in black, their brooding or sullen facial expressions, their commentaries tinged with reverence, and the devotion with which the art exhibited and, above all, the artists are honored. As at funerals, thoughtless giggling is unwelcome and simply does not occur at such events.

Art wants to be taken seriously, and certainly artists do as well, and the audience—that is, those who appreciate and interpret the art—does not want to be laughed at either. In the tension between all these participants, there is certainly nothing to laugh about. The art business in general aims to maintain solemn earnestness.

Within serious art, however, artists have for centuries tried to stir up the demonstrative sublimity of the art world with mockery, nonsense, and comedy. This method has yet to lead to a completely relaxed relationship to the public. Artists nevertheless continue to help humor come into its own, without resorting to treating the public arrogantly.

In times of radical transformation—globalization, digitalization, and climate change—many of our fellow human beings fear the resulting uncertainty and loss of control. Everything seems to be going haywire. But when they think that the topsy-turvy is not right but rather not normal, unhealthy, and unfamiliar, they are forgetting the brilliant writer Hans Jakob Christoffel von Grimmelshausen, who published *Des Abenteuerlichen*

den Kontrollverlust. Es scheint alles drunter und drüber zu gehen. Aber während sie denken, das Verkehrte sei nicht das Richtige, sondern das nicht Normale, das Ungesunde, das Ungewohnte, vergessen sie den fulminanten Dichter Hans Jakob Christoffel von Grimmelshausen, der im Jahr 1672 *Des Abenteuerlichen Simplicii Verkehrte Welt* vorlegte und sich damit als großer Kenner des allgemeinen Drunter und Drüber auswies. Weil er wusste, dass Chaos die Menschen beunruhigt, liebte es Grimmelshausen, mit Pseudonymen einen zusätzlichen Schwung Verkehrtheit hineinzubringen. Er puzzelte sich seinen Tarnnamen aus den Buchstaben seines richtigen Namens zusammen: Simon Leugfrisch von Hartenfels. Immer wieder destillierte er neue Namen aus »Grimmelshausen«, das ja an sich schon klingt wie eine Stadt voller wütender Zwerge.

Ein wenig fühlte ich mich an Grimmelshausen erinnert, als ich Frank Kunerts Fotografien das erste Mal sah. Ein schneller Blick: Aha. Ein Hochglanzfoto von einer Bruchbude, naja. Und dann: Oh! Da stimmt doch was nicht. Was ist denn das da hinten? Und von da an kam ich nicht mehr los von seinen Werken. Beim Betrachten seiner Bilder wird man in die Mangel des Purzelbäume schlagenden Lebens genommen. Kunert intensiviert die seit Jahrhunderten erprobten Täuschungsmittel und Suggestionstechniken der Künstlerwelt. In seinen Bildern spielen Innen- und Außenansichten von Gebäuden die Hauptrolle, besonders von Häusern mit Vergangenheit – und zwar nicht immer einer glorreichen. Das Dargestellte scheint auf den ersten Blick harmlos. Ein Abbild der Realität? Man geht Kunert zunächst auf den Leim. Bei näherer Betrachtung wird es erst grotesk, dann morbid und traurig, schließlich schwarz und böse. Zu dieser langsam sich entwickelnden Einschätzung werden die Betrachtenden von der eigenen Fantasie geleitet. Denn Personen, die am dargestellten Irrsinn beteiligt waren, sind in diesen bisweilen dystopischen Bildern nie zu sehen. Die Leute, die die verqueren Situationen zu verantworten haben, sind verschwunden. Die Darstellungen

Simplicii Verkehrte Welt (*The Topsy-Turvy World of the Adventurous Simplicissimus*) in 1672 and thus proved himself to be a great connoisseur of the general disarray. Because he knew that chaos upset people, Grimmelshausen liked to introduce even more of the topsy-turvy by using pseudonyms. He formed his code name by rearranging the letters of his real name: Simon Leugfrisch von Hartenfels. Again and again, he would distill new names from "Grimmelshausen," which already sounds like a city full of angry dwarfs.

When I saw Frank Kunert's photographs for the first time, I felt somewhat reminded of Grimmelshausen. A quick glance: aha. A glossy photo of a hovel, fine. And then: Oh! Something's wrong here. What is that back there? And from then on, I could no longer get enough of his works. Looking at his photographs feels like being run through the mill of somersaulting life. Kunert intensifies the illusory means and suggestive techniques that artists have been trying out for centuries. The main role in his photographs is played by interior and exterior views of structures, especially buildings from the past—and not always a glorious one at that. At first glance, what they depict seems harmless. A reproduction of reality? Initially, Kunert takes us in. On closer inspection, it becomes first grotesque, then morbid and sad, and finally black and wicked. Viewers are guided to this slowly evolving assessment by their own imagination. Because the people who participated in the madness depicted are never seen in these at times dystopian images. Those responsible for these strange situations have disappeared. The depictions are void of people, as if they had all run away and not yet returned—fortunately for them, in most cases.

Frank Kunert is not a digital artist, that is, not a Photoshop virtuoso. His excellent art is that of thinking up the situation, translating the idea into three-dimensional, table-sized models with meticulous accuracy, and then photographing them as if they were real. It is no wonder that the topsy-turvy is often seen as wrong.

sind menschenleer, so als wären alle weggelaufen und bisher nicht zurückgekehrt – in den meisten Fällen zu ihrem Glück.

Frank Kunert ist kein Digitalkünstler, also kein Photoshop-Virtuose. Seine vortreffliche Kunst ist es, sich die Situation auszudenken, die Idee mit akkurater Sorgfalt in dreidimensionale, tischgroße Modelle zu übersetzen, um sie dann so zu fotografieren, als wären sie echt. Kein Wunder, dass das Verkehrte oft als das Falsche angesehen wird. In Wirklichkeit ist das Verkehrte doch nur das Umgedrehte und – im Falle Kunerts – das Überdrehte.

Wie wunderbar, dass dieses Buch mit den von Frank Kunert erdachten Dystopien vorliegt und man sich beliebig lange Zeit lassen kann, um haarkleine Details und diabolische Abgründe eingehend zu erkunden.

Eva-Maria von Máriássy

In reality, it is merely the inverted and—in Kunert's case—the overwound.

How wonderful that we have this book of the dystopias that Frank Kunert has thought up, and you can allow yourself as much time as you wish to thoroughly explore their minute details and diabolical abysses.

Eva-Maria von Máriássy

Der rote Teppich
The Red Carpet
2021

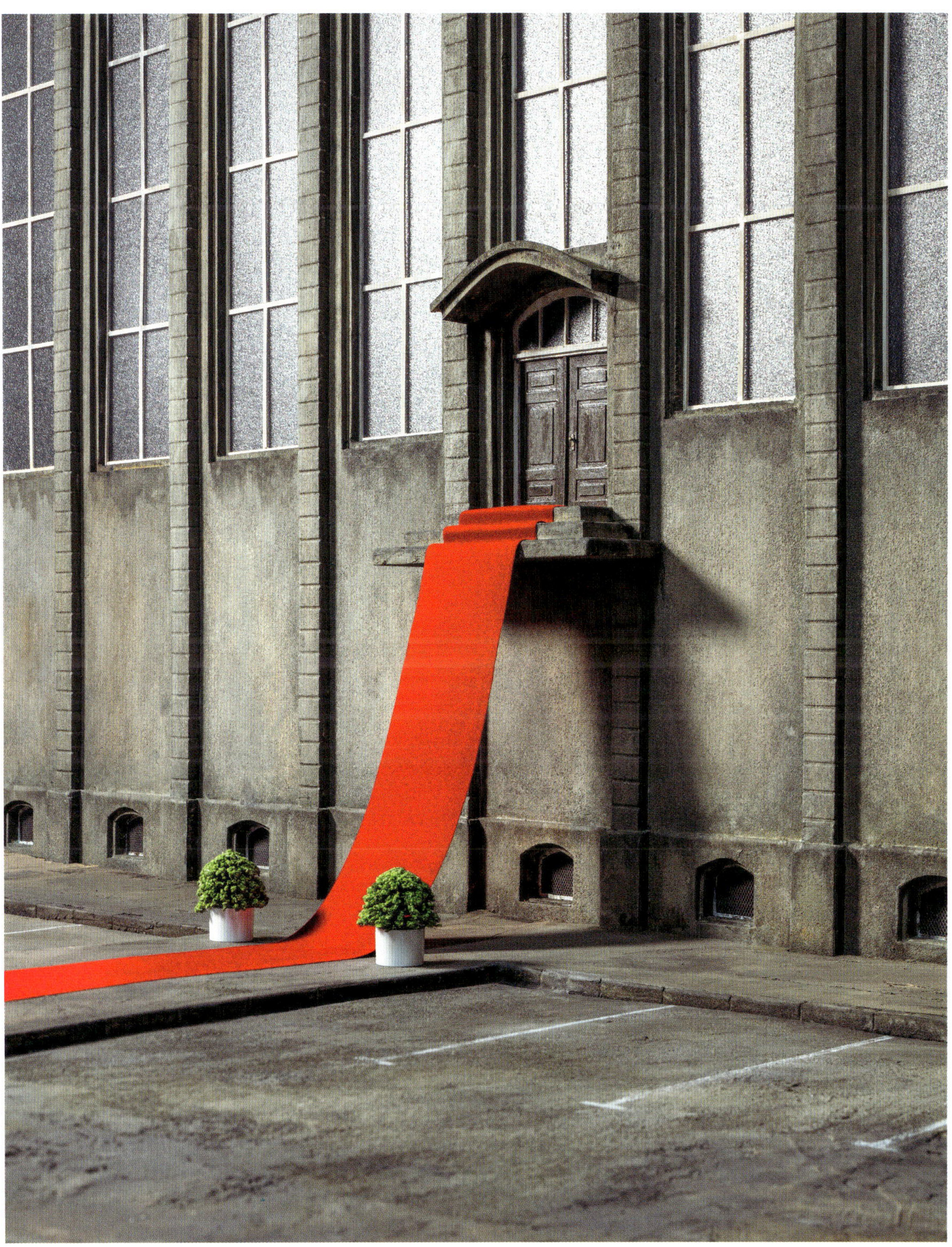

Über den Wolken
Above the Clouds
2020

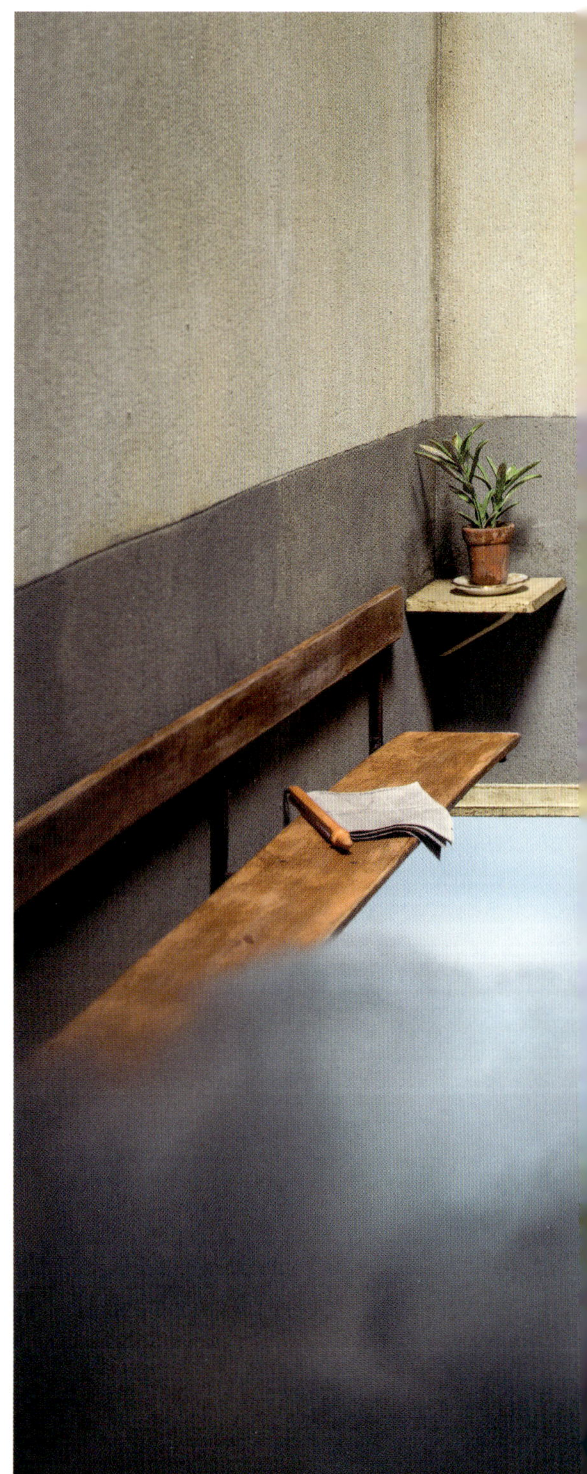

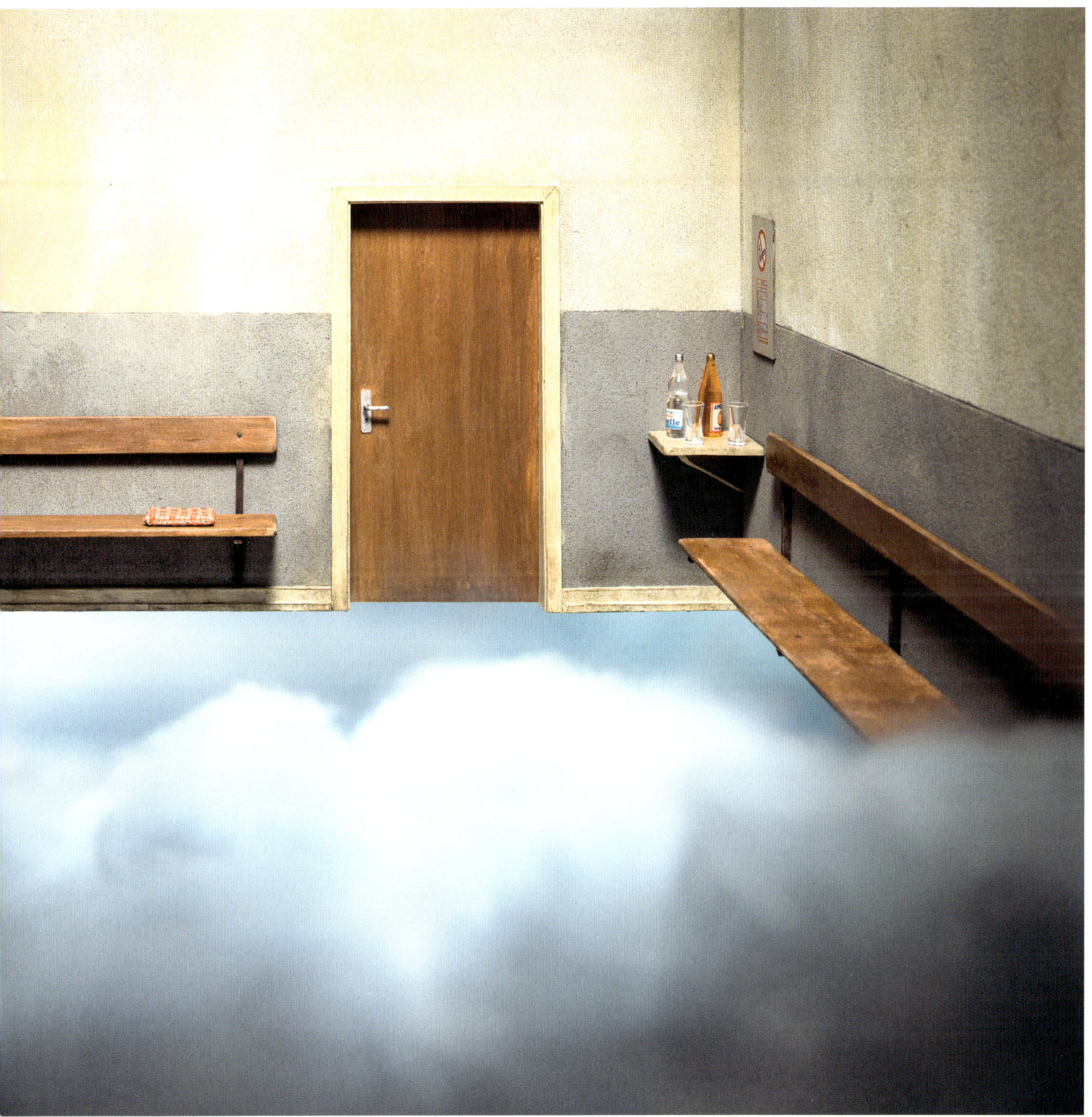

Mauerblümchen
2019

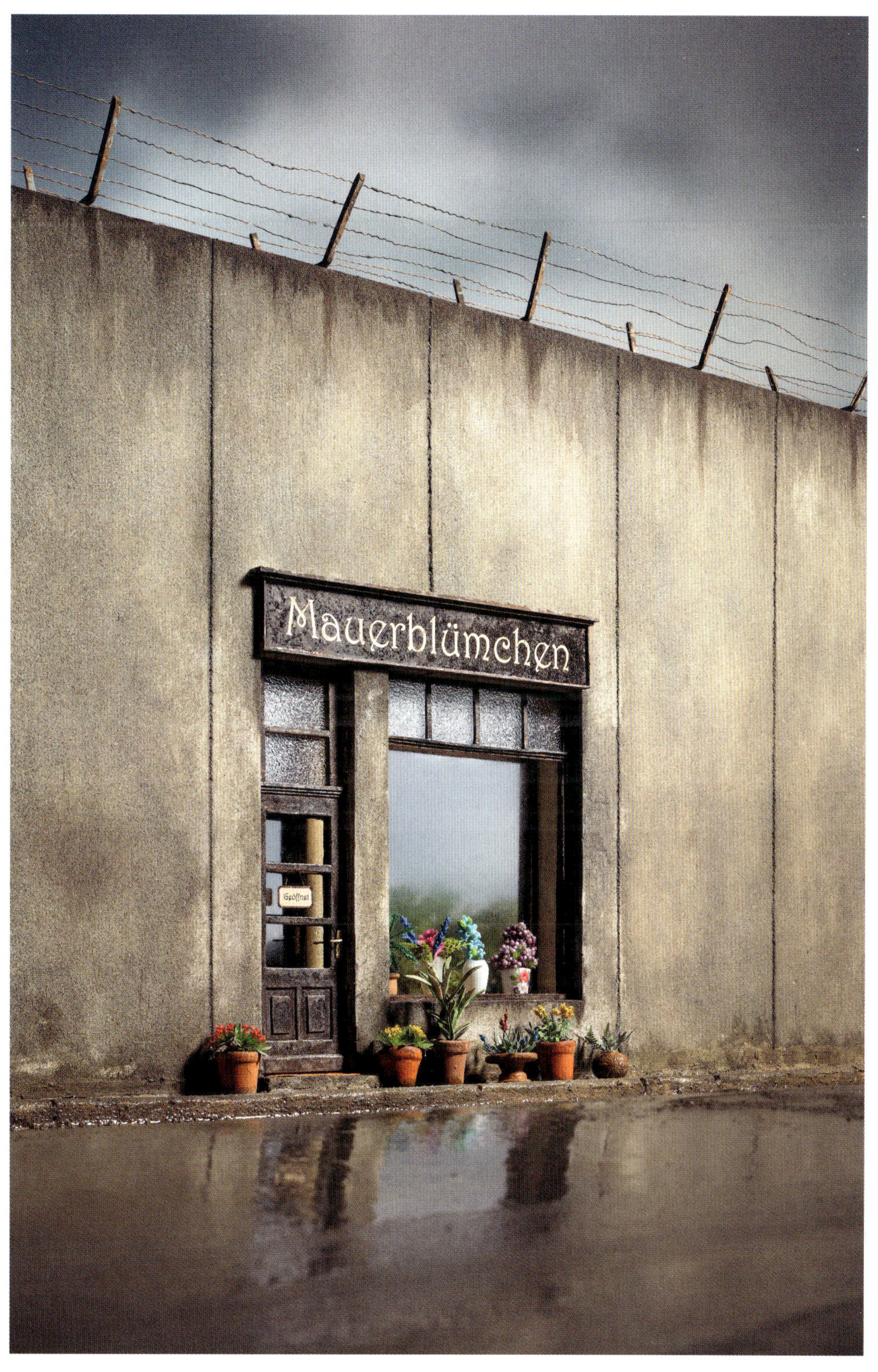

Mauerblümchen
Geöffnet

Niederkunft
Birth
2021

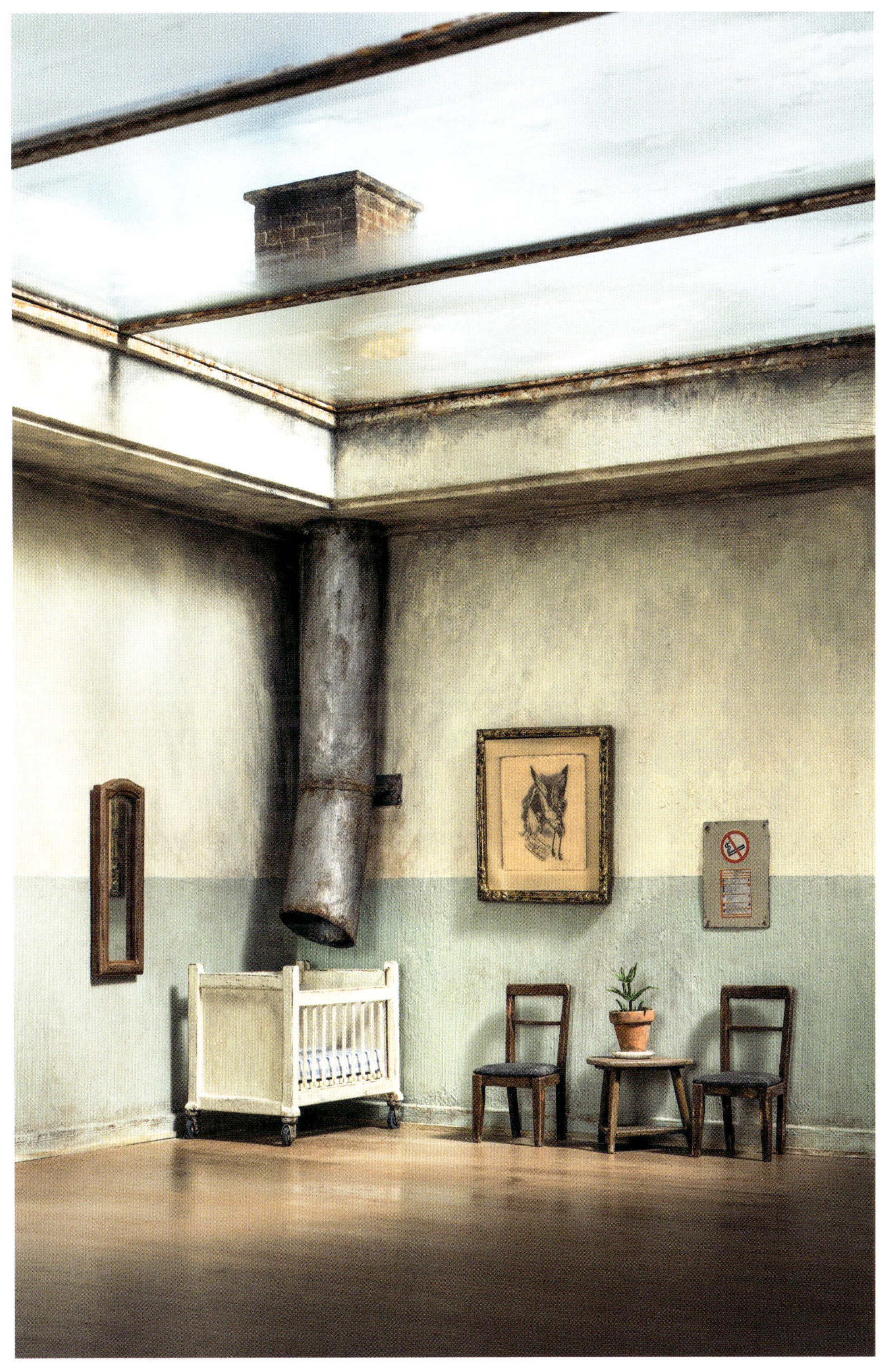

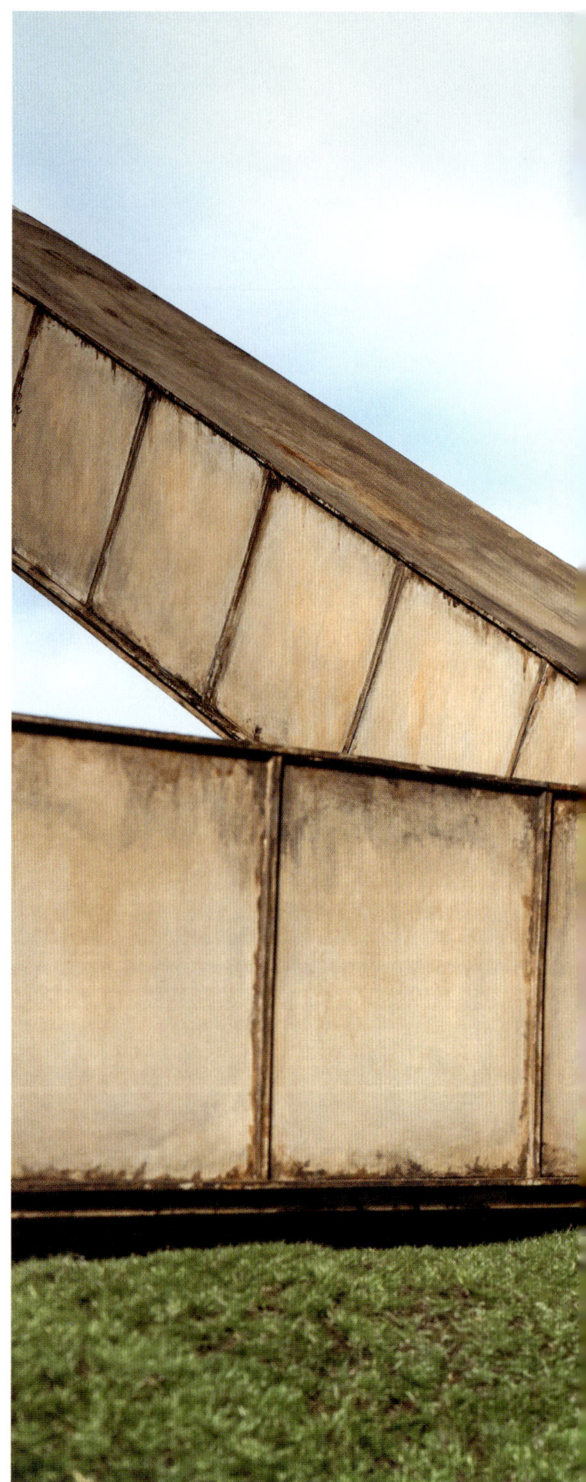

Treffpunkt
Meeting Point
2021

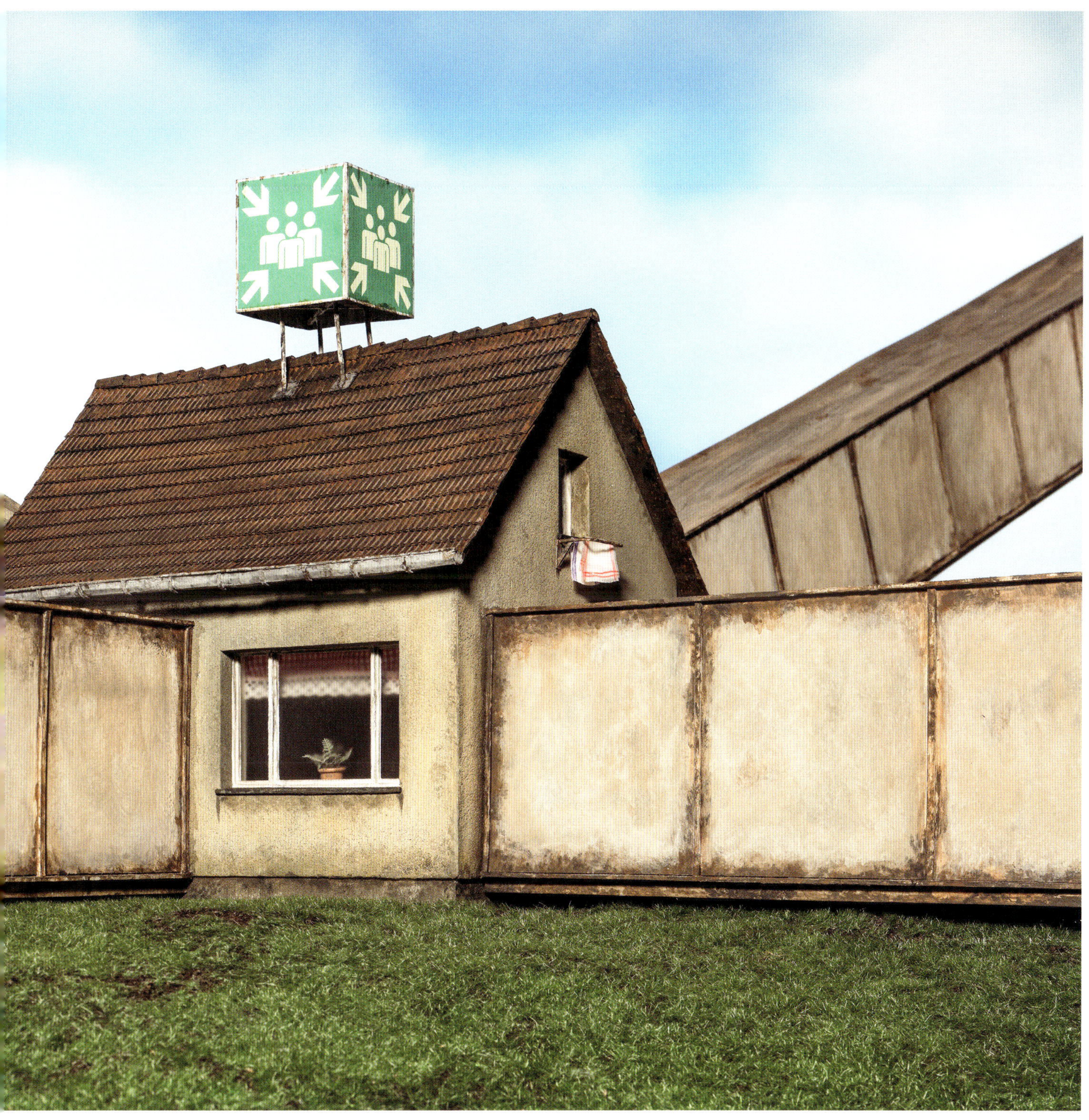

Dünnes Eis
Thin Ice
2018

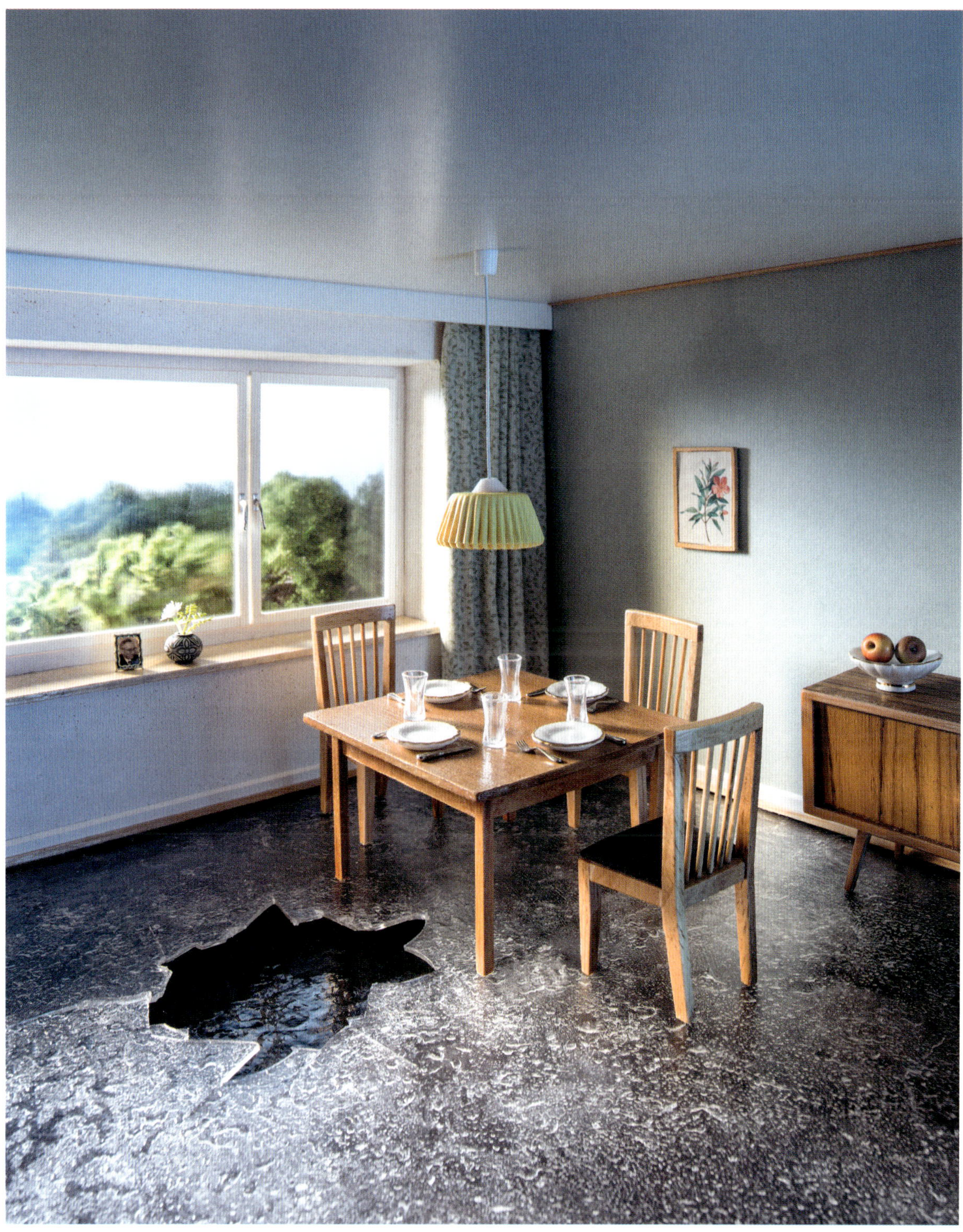

Frühes Modell eines Mobiltelefons
Early Model of a Mobile Phone
2018

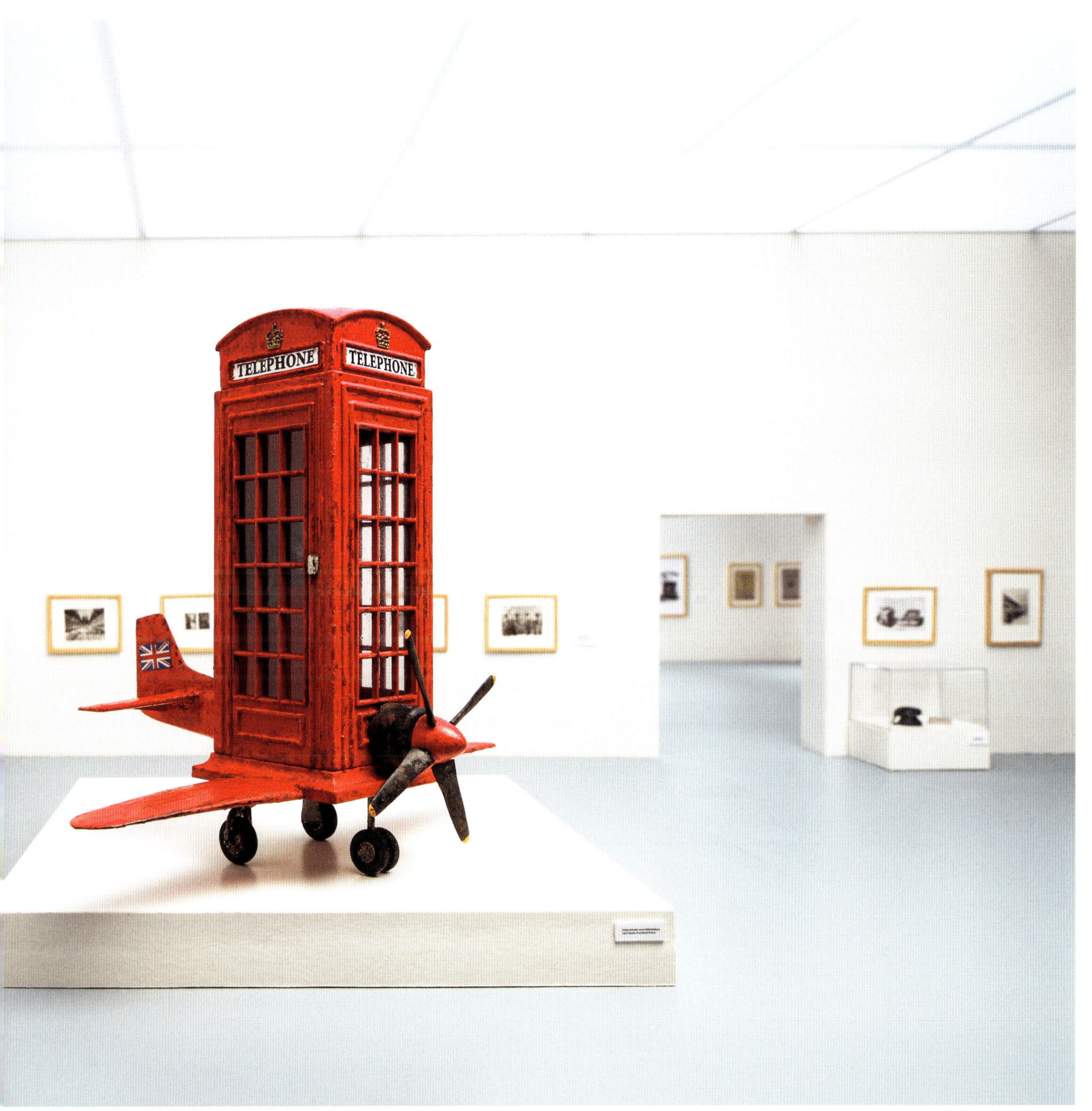

Hochbett
High Sleeper Bed
2019

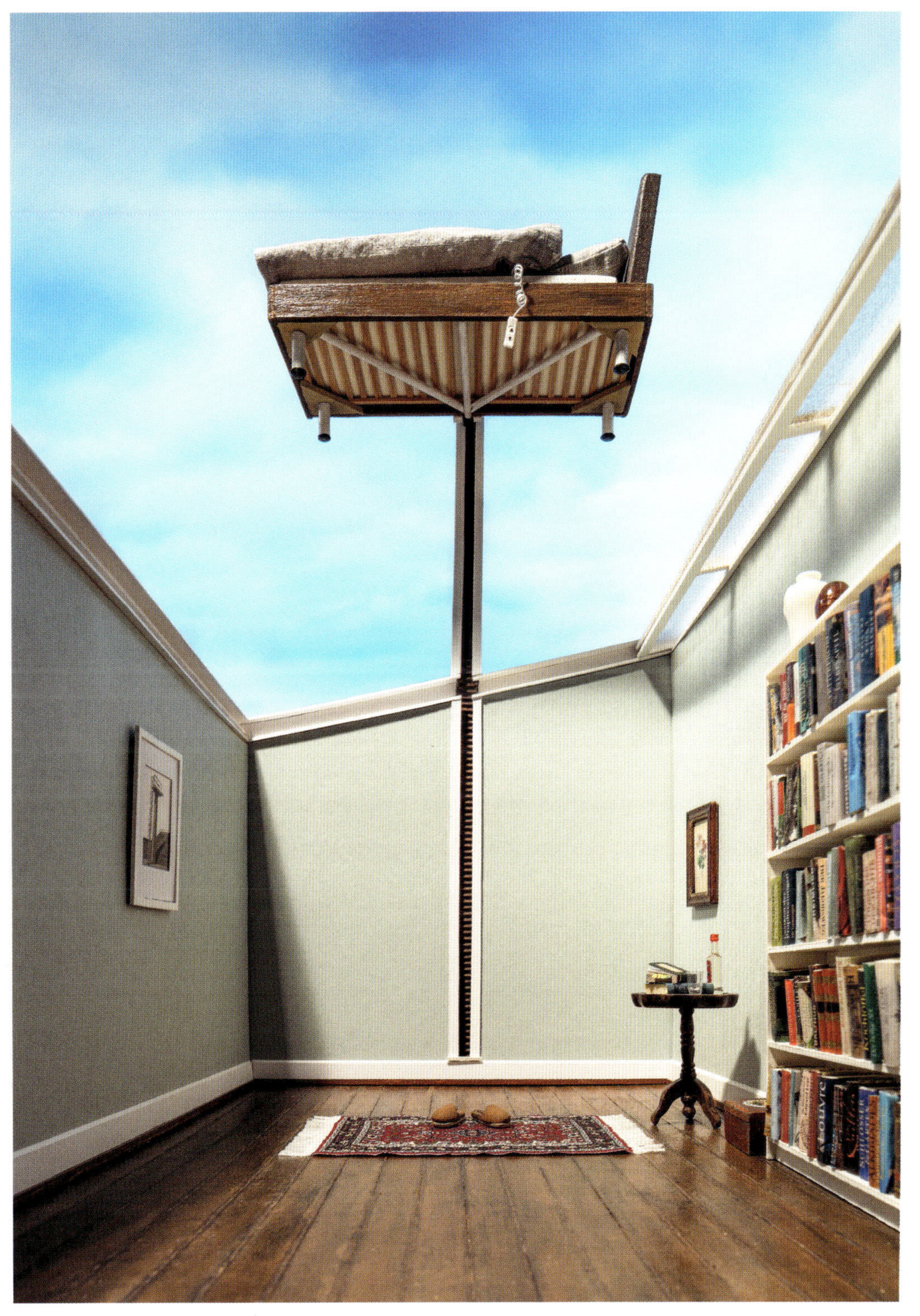

Einparkhilfen
Parking Aids
2019

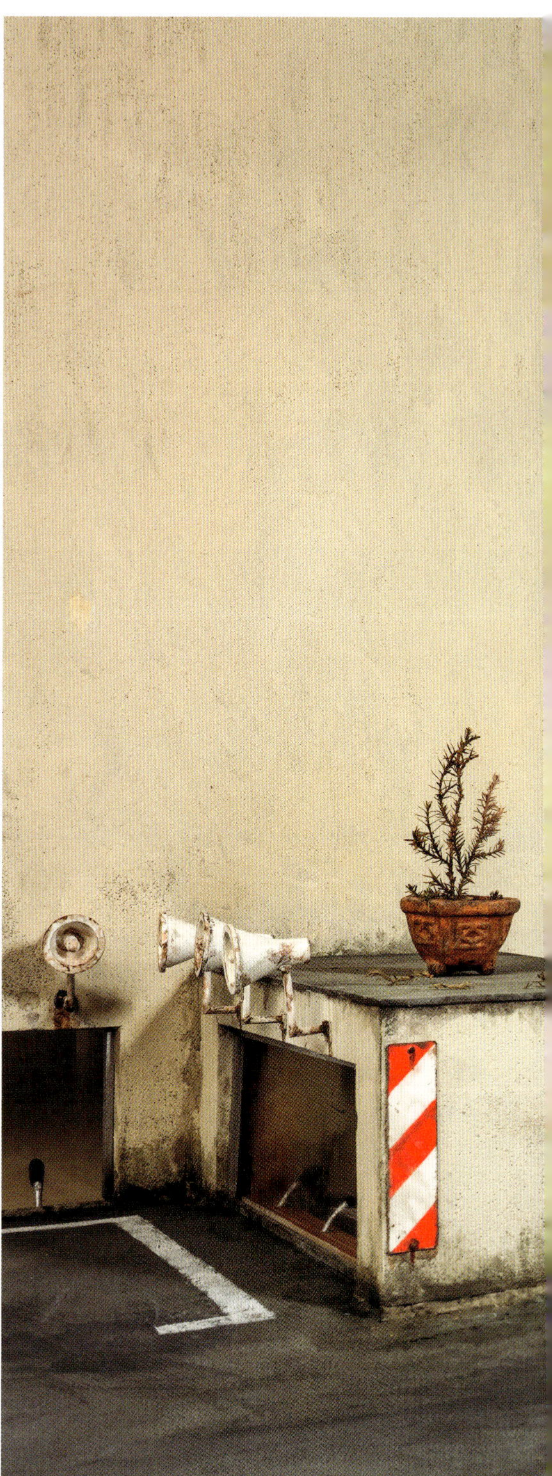

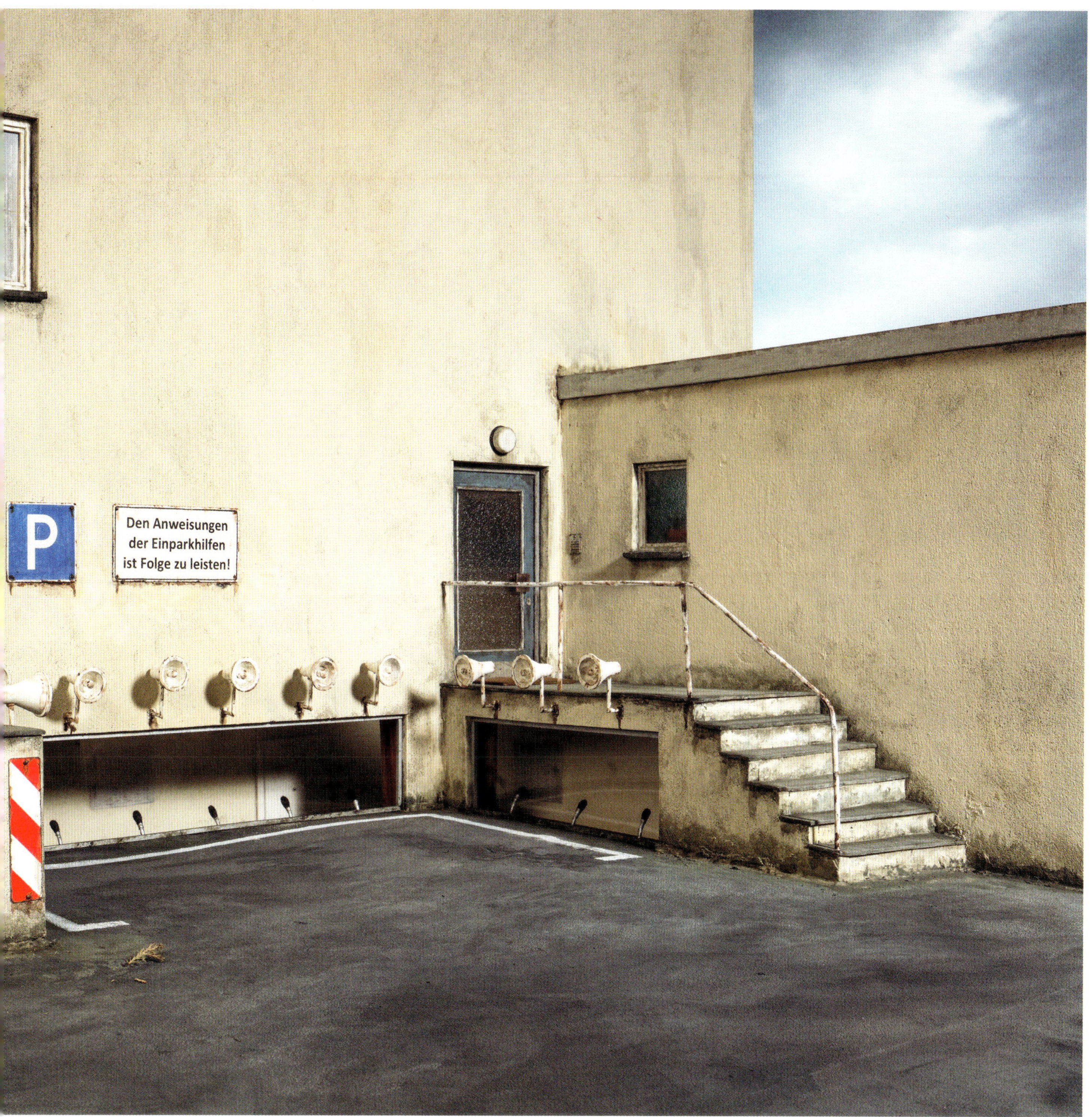

P
Den Anweisungen
der Einparkhilfen
ist Folge zu leisten!

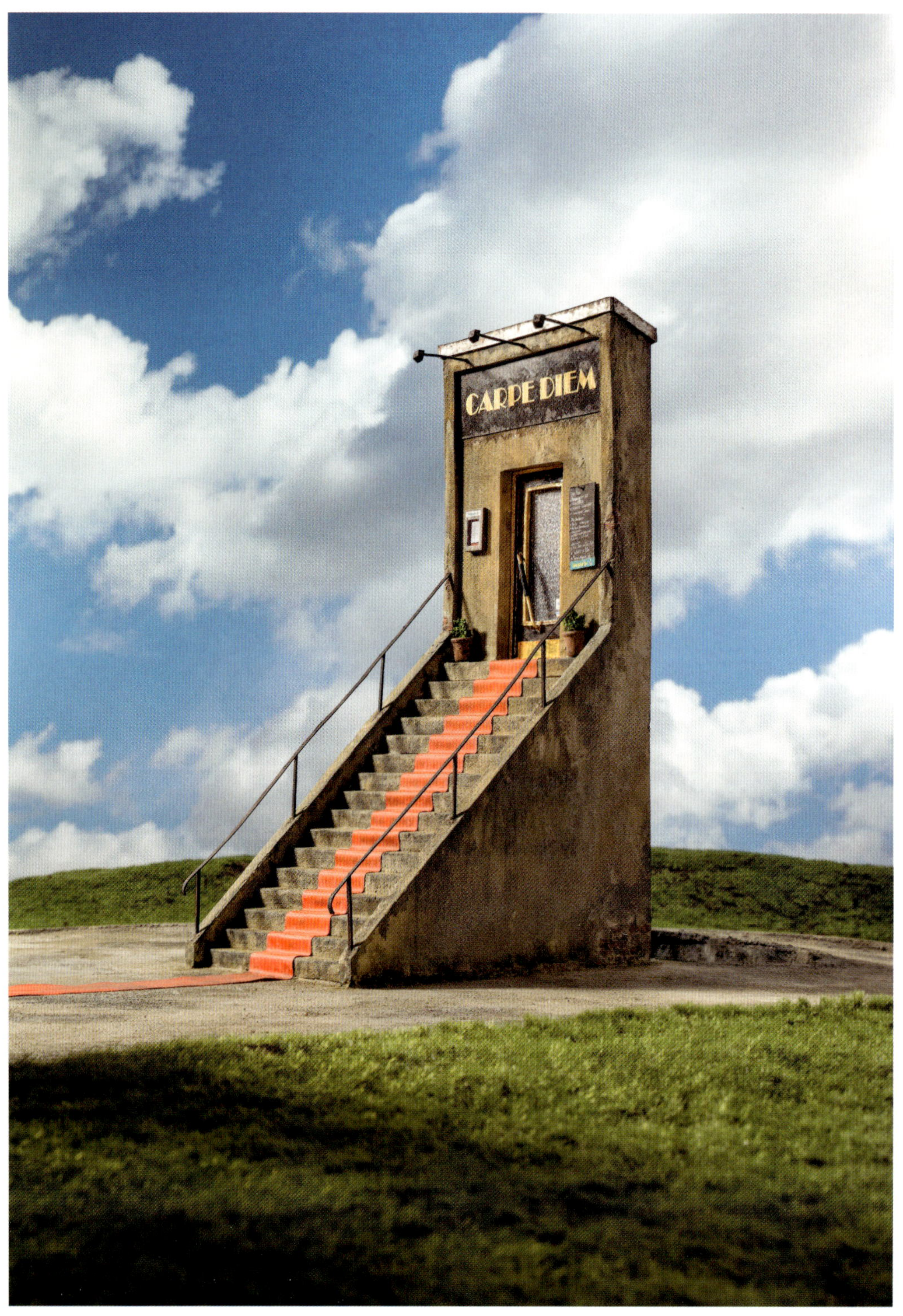
CARPE DIEM

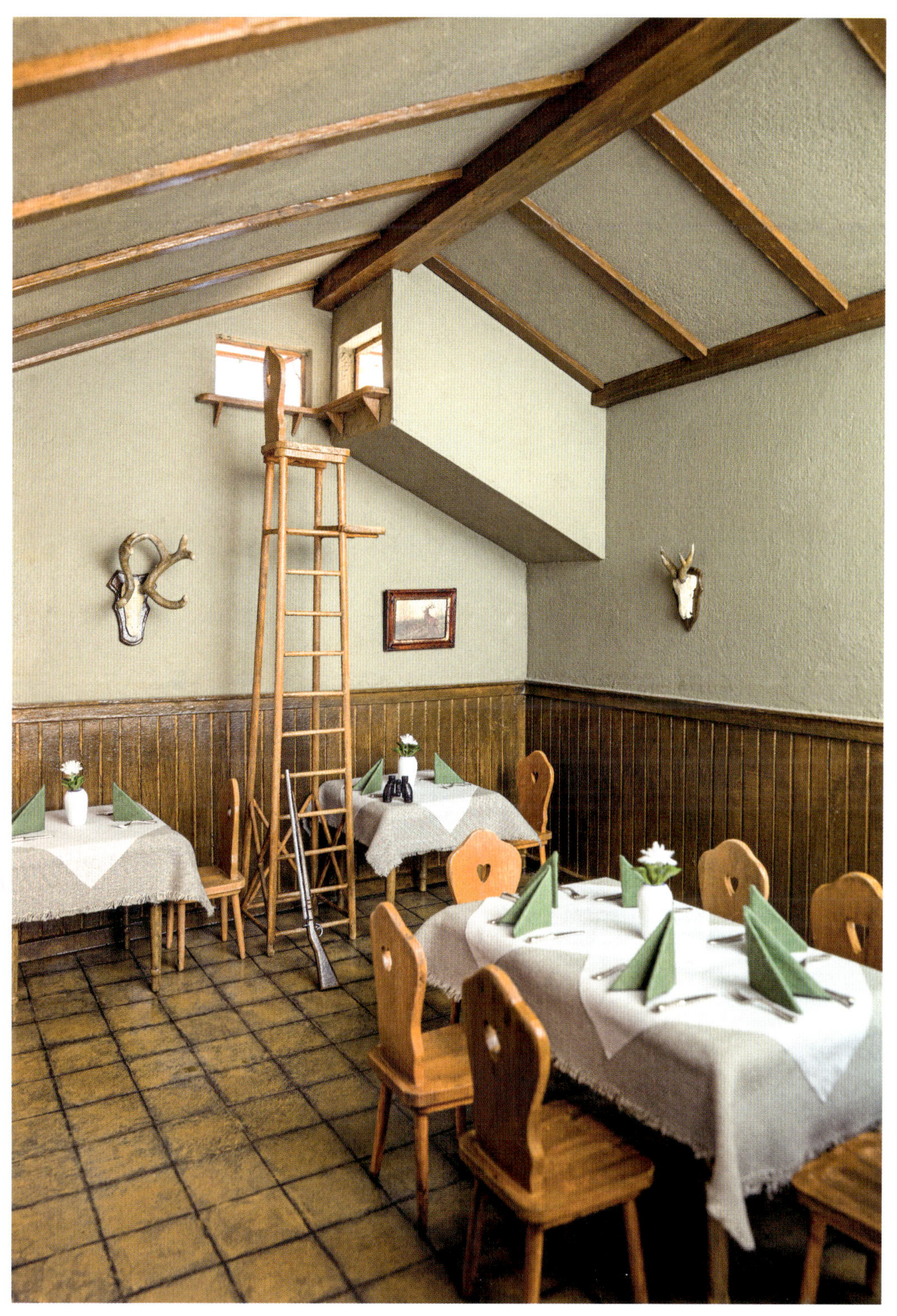

Carpe Diem
2019

Jägerstube
Hunter's Inn
2020

Windows
2018

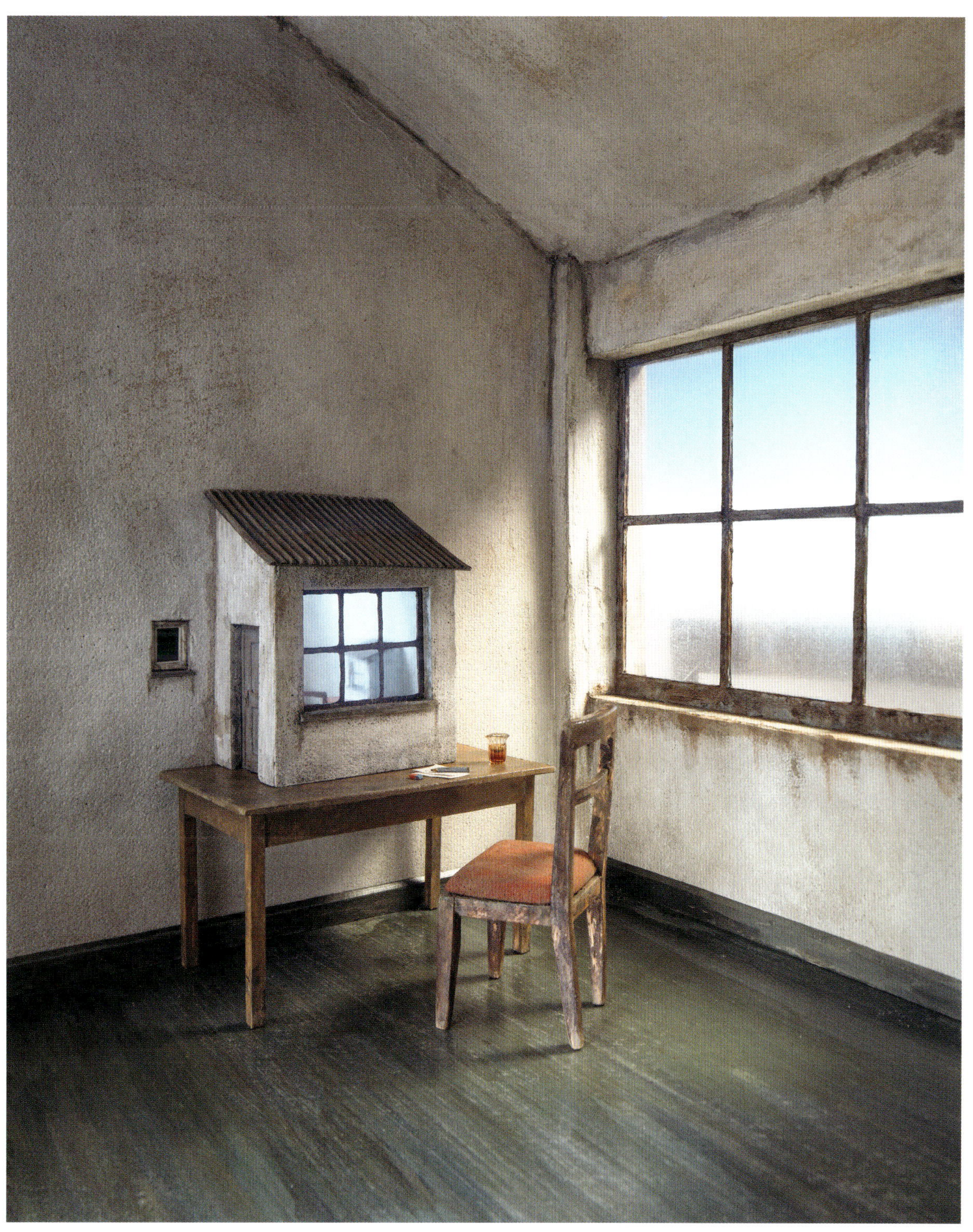

My Home Is My Castle
2022

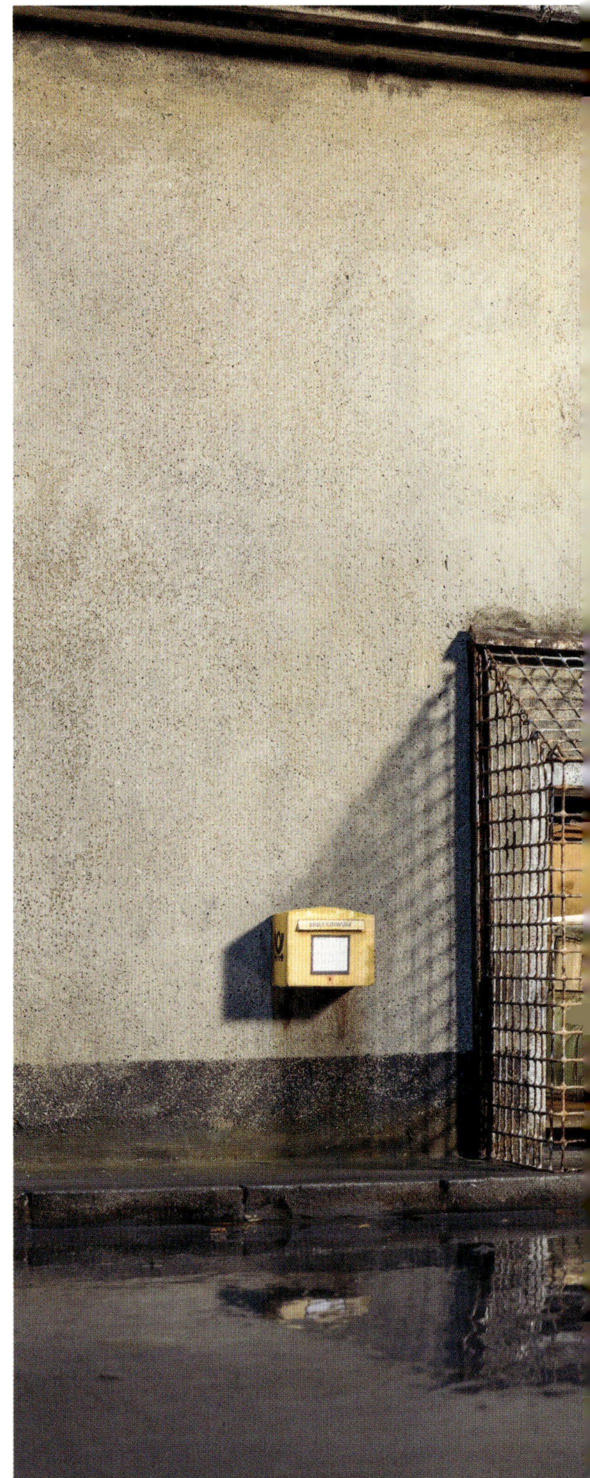

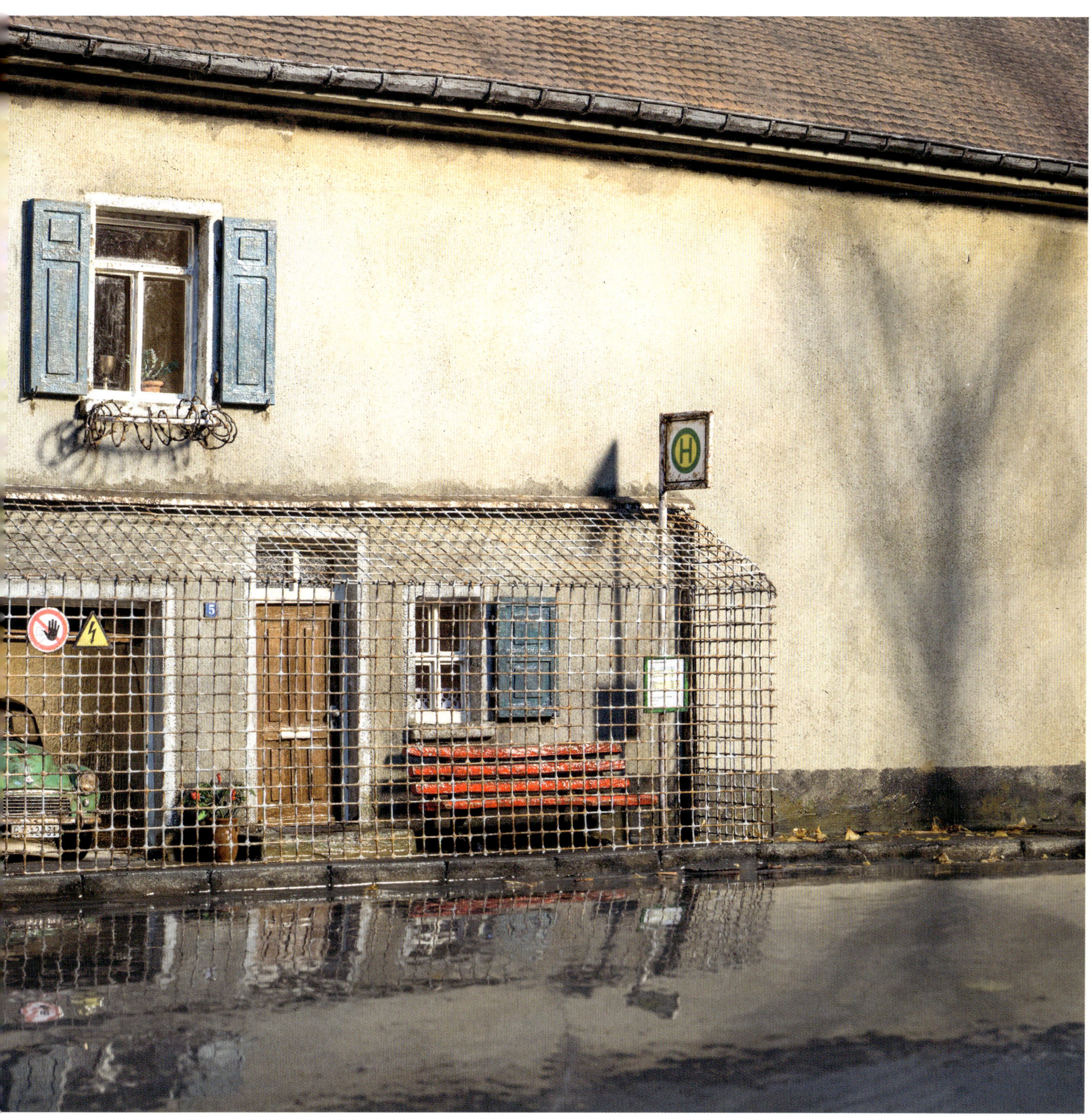

Die letzte Reise
The Last Journey
2019

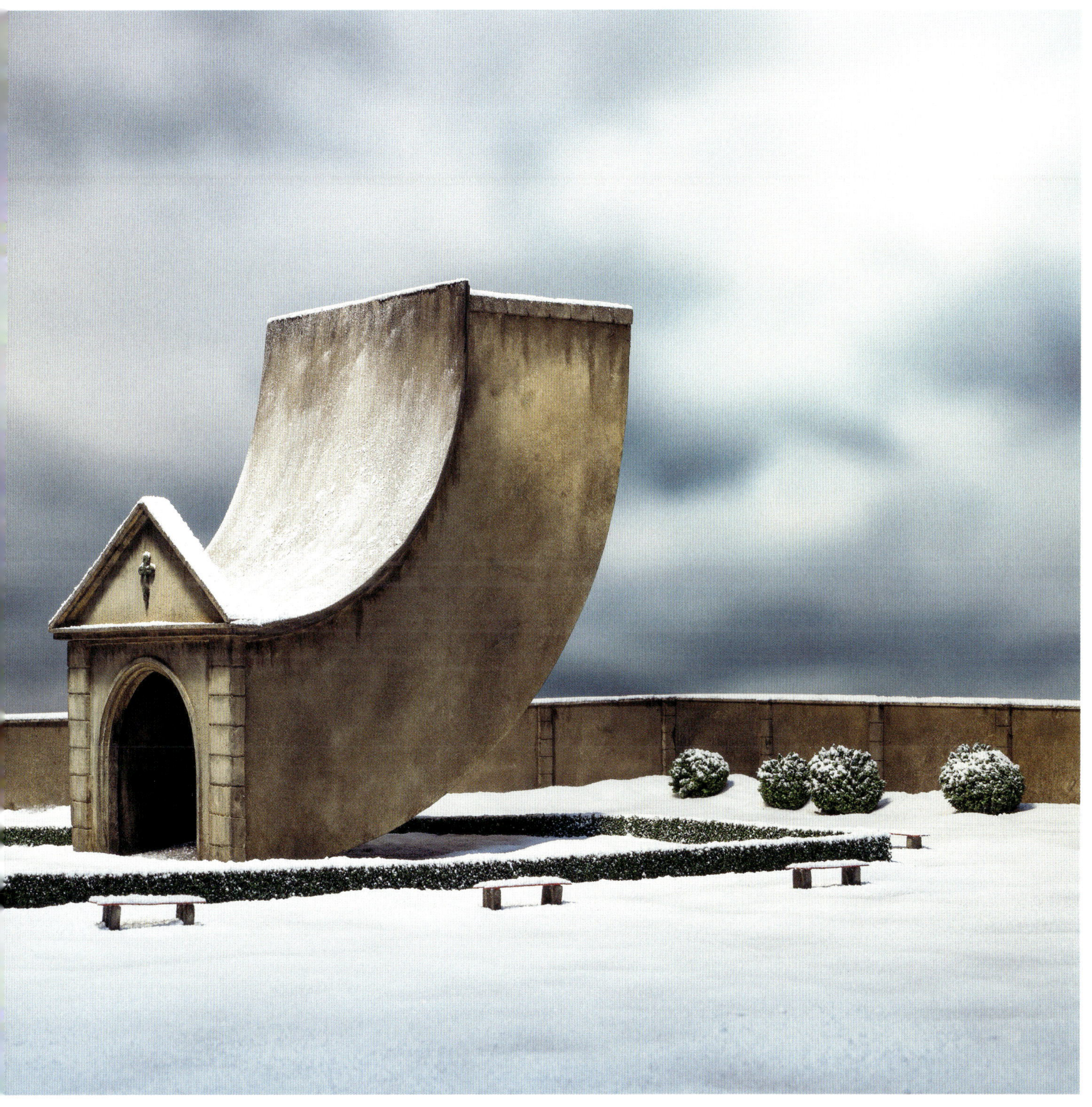

Ein Tisch für zwei
A Table for Two
2018

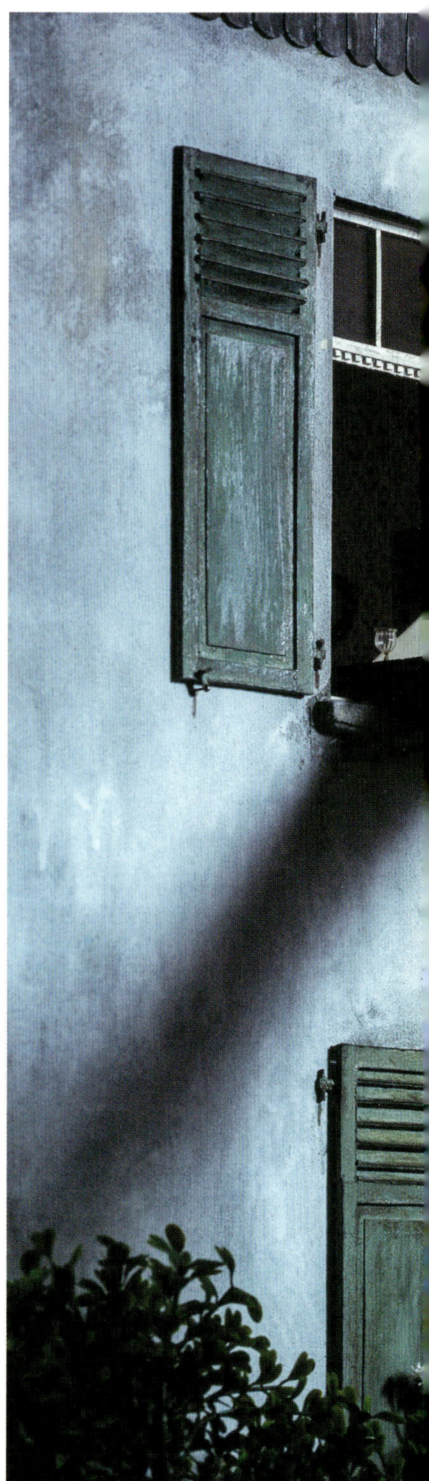

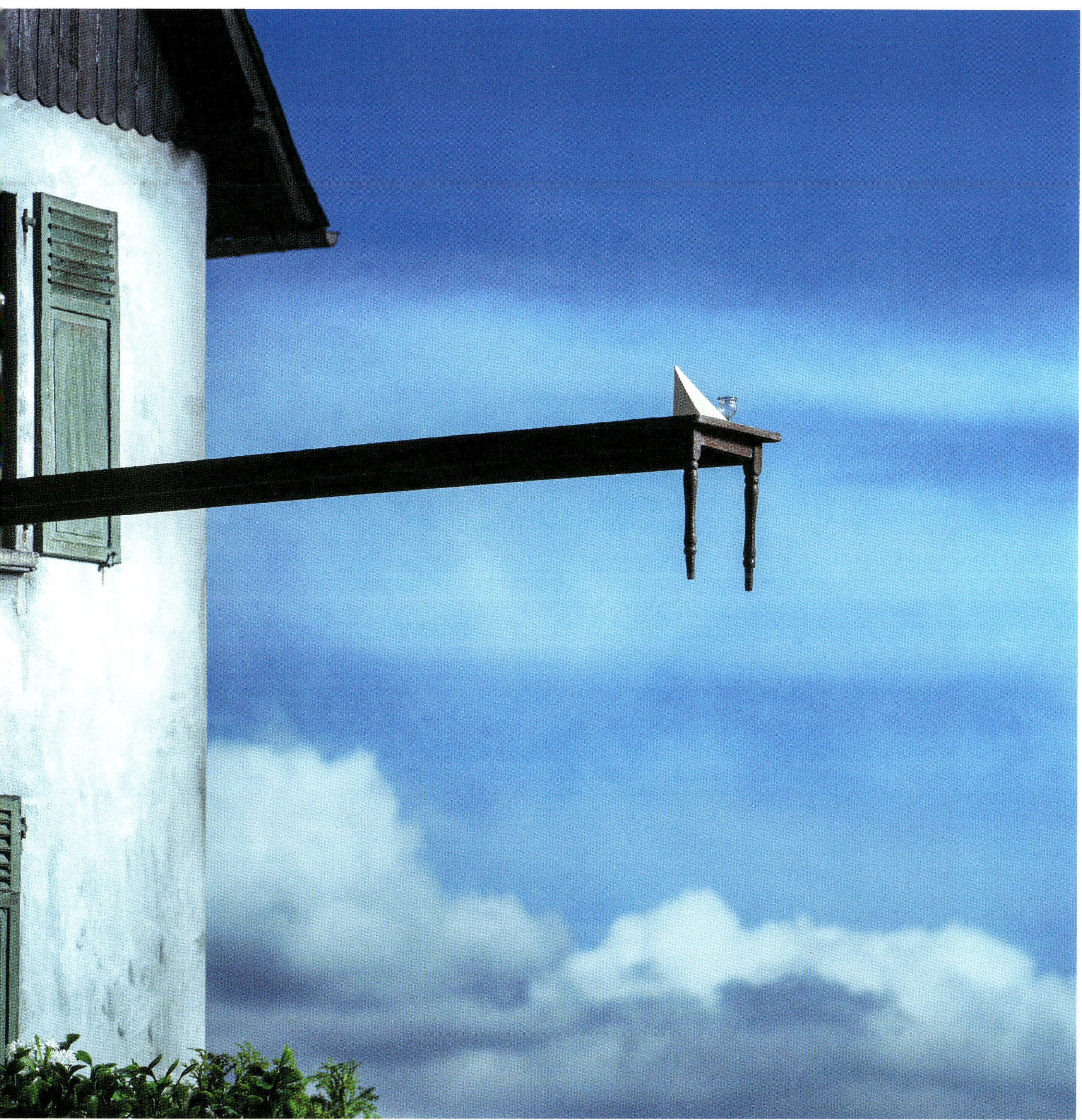

Hoppe, hoppe, Reiter
Bumpety Bump, Rider
2020

Tiefschlaf
Deep Sleep
2021

Beobachtungstürme
Observation Towers
2018

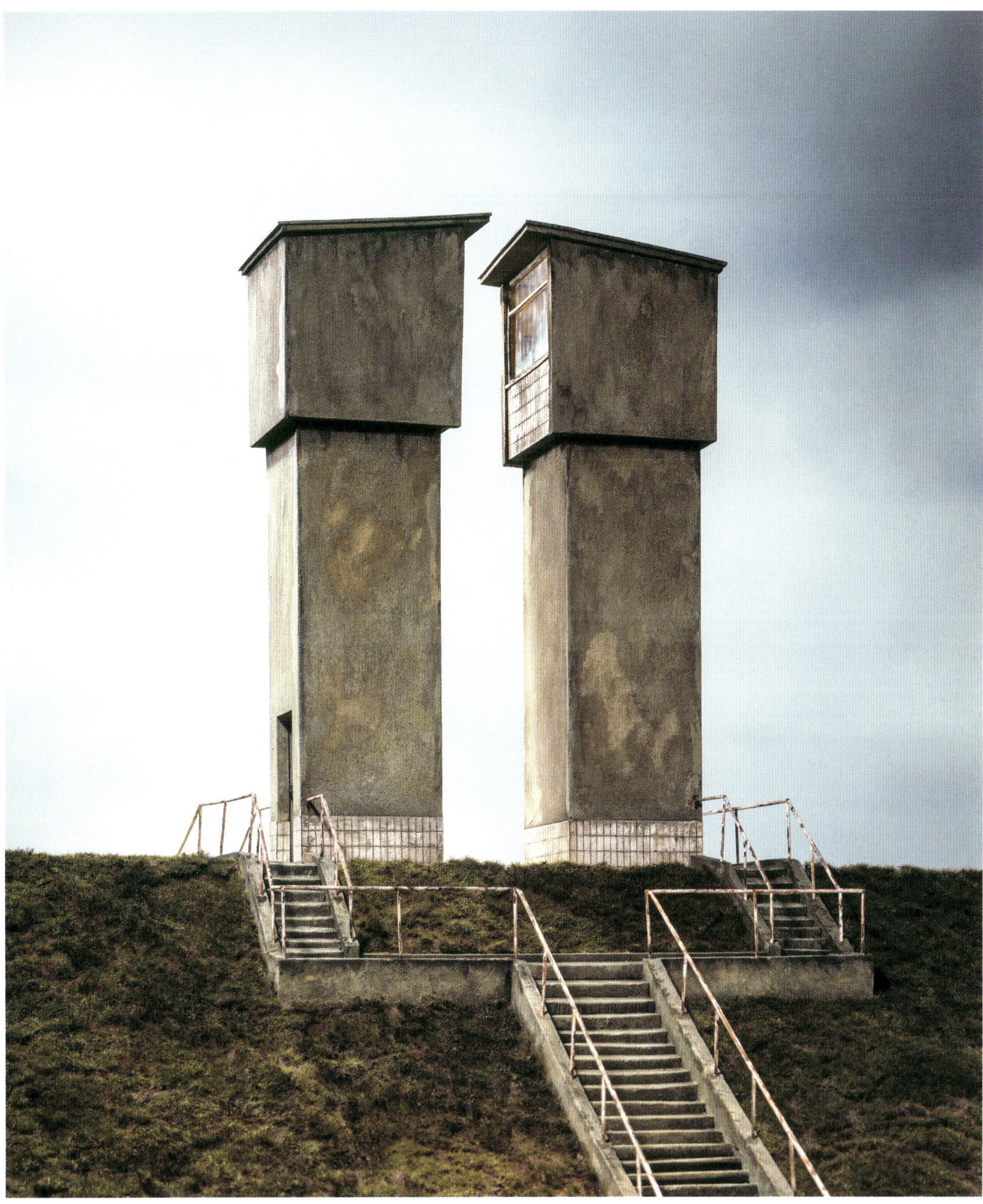

Zimmer mit Aussicht
A Room with a View
2020

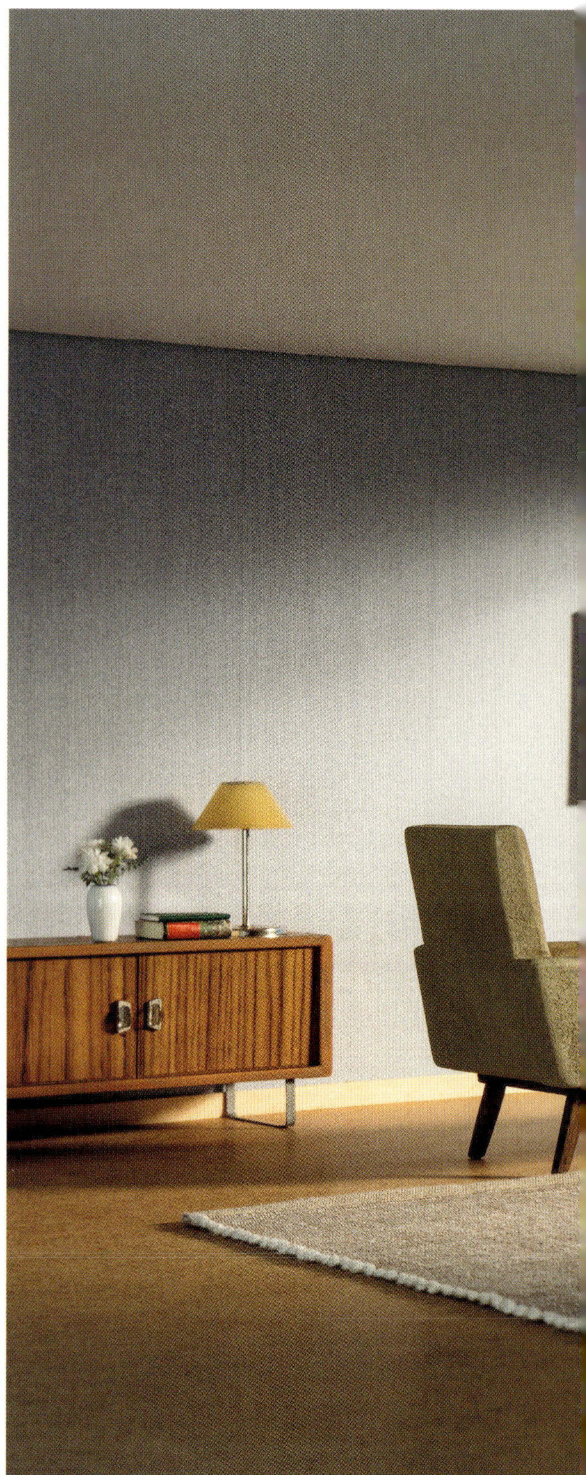

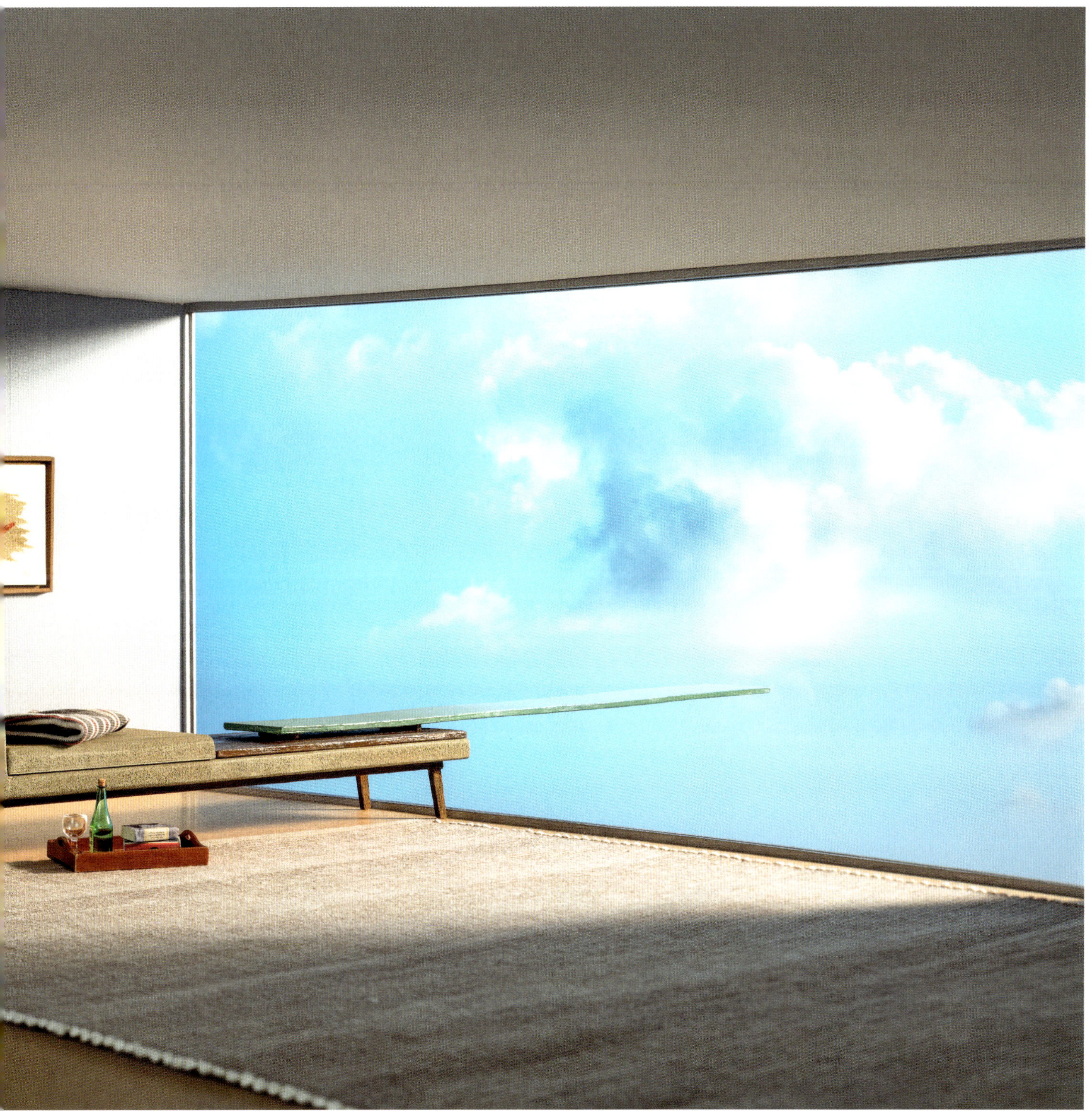

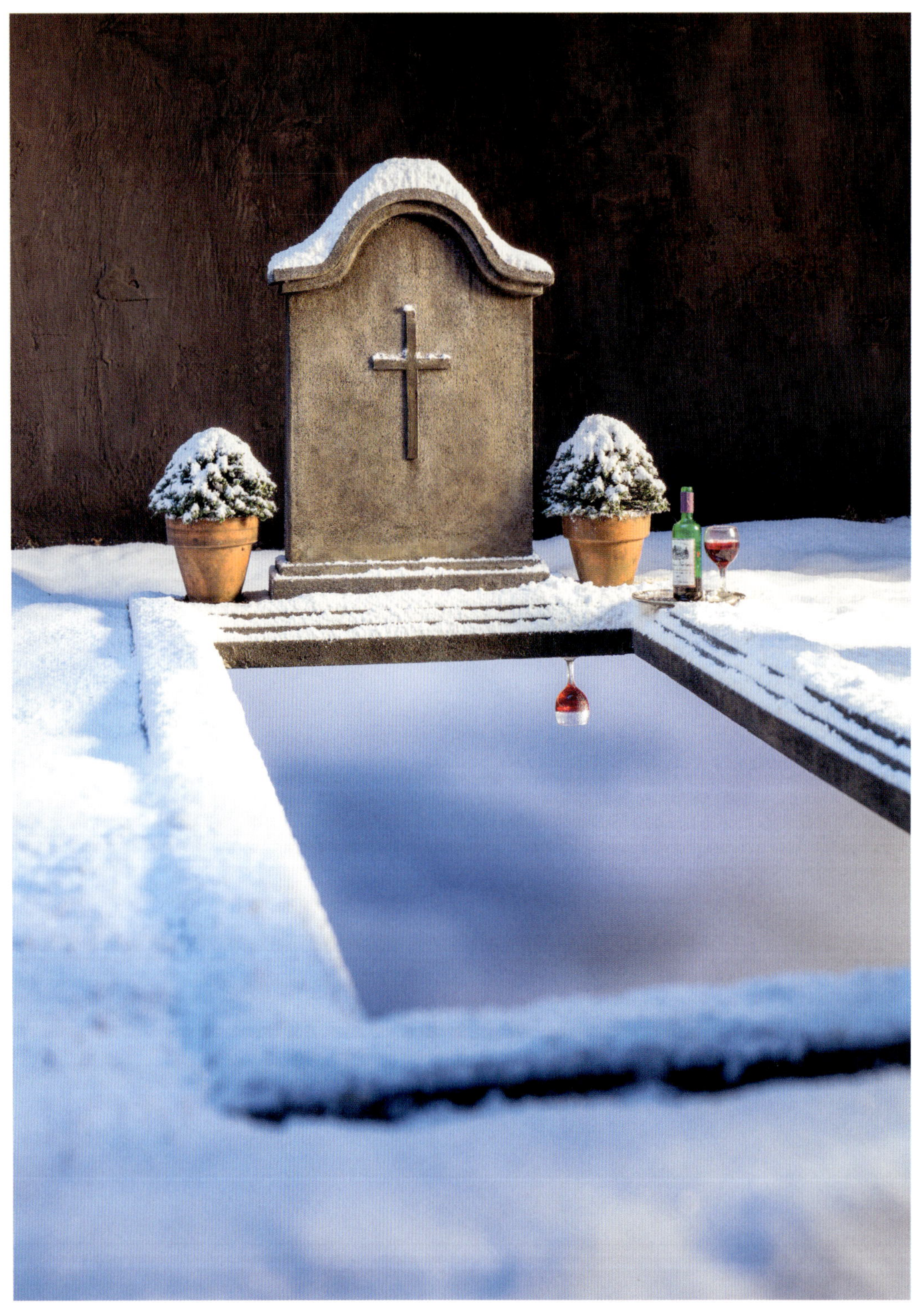

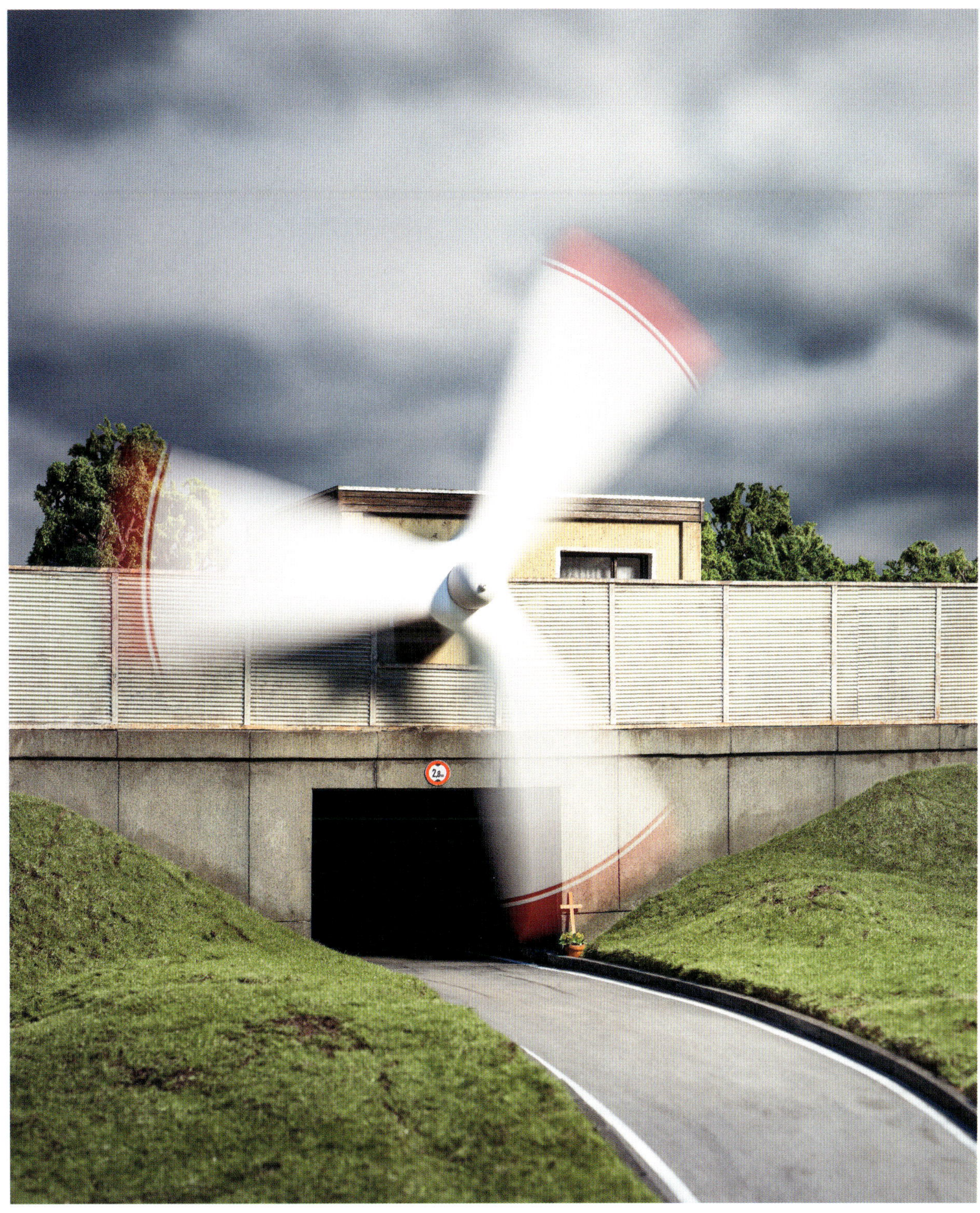

44/45

Kontakt zum Jenseits
Contact with the Afterlife
2022

Wo es geschah
Where It Happened
2020

Aus heiterem Himmel
Out of the Blue
2019

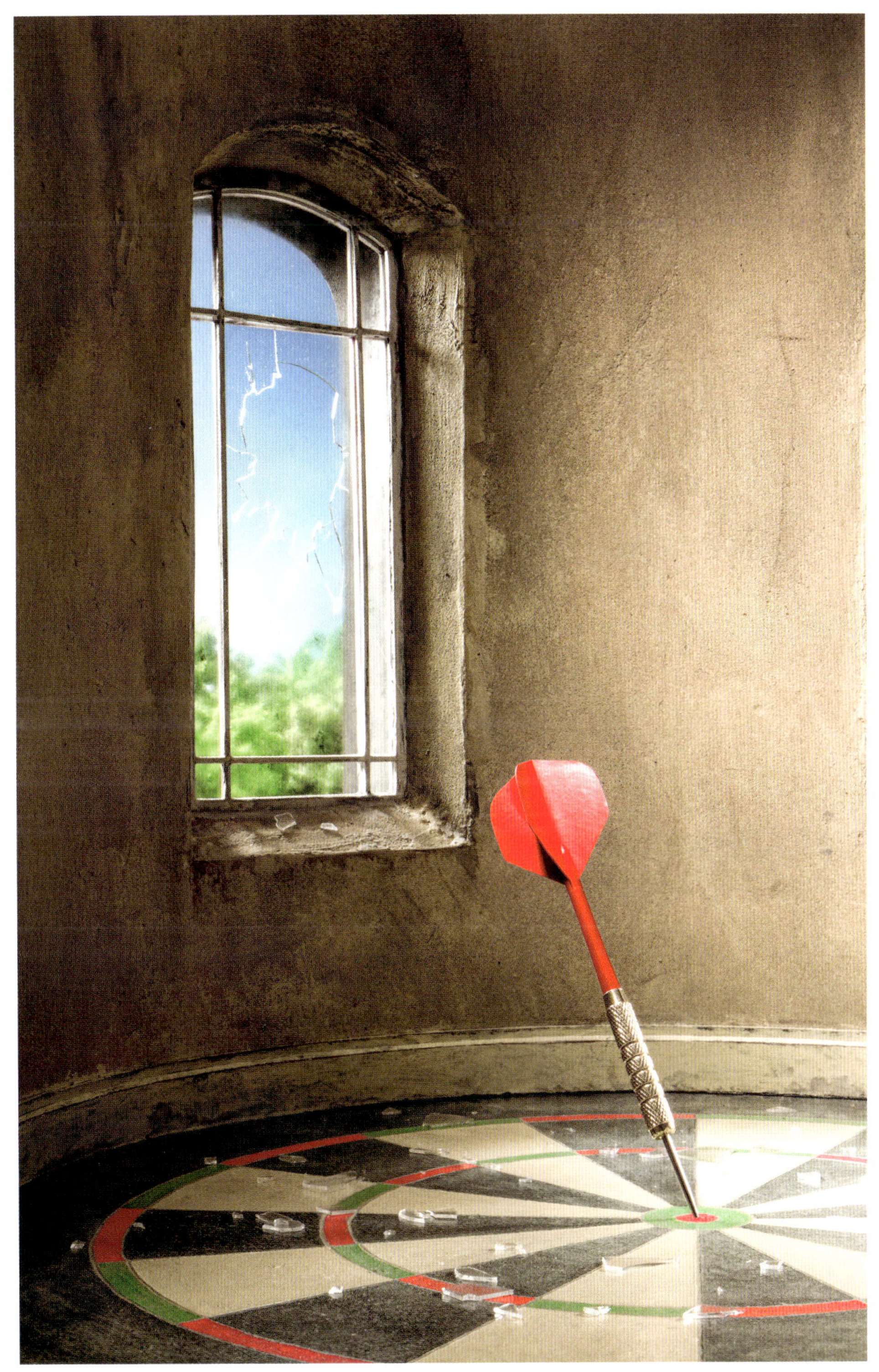

Spielabbruch
Breaking Off the Game
2019

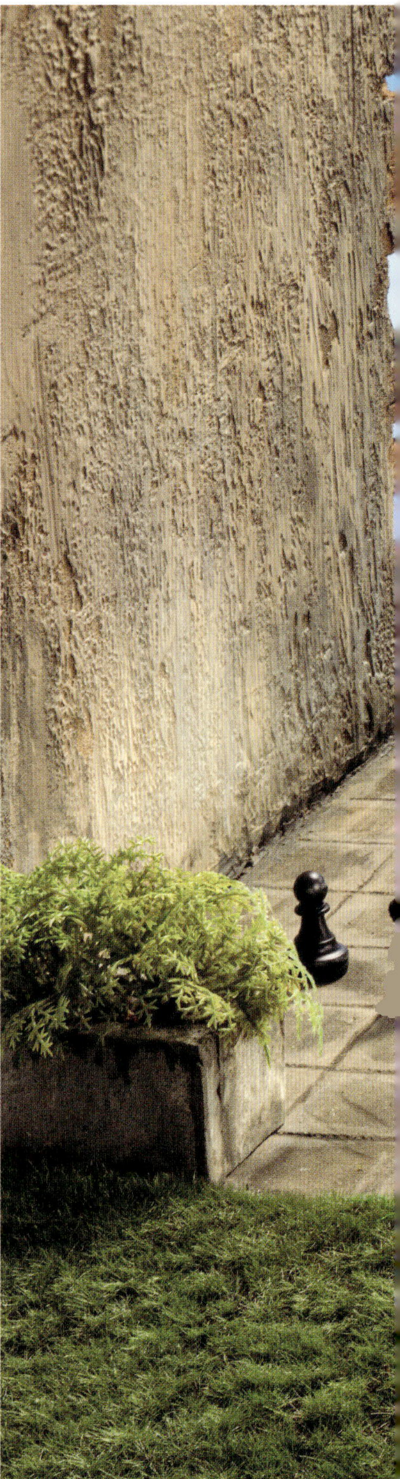

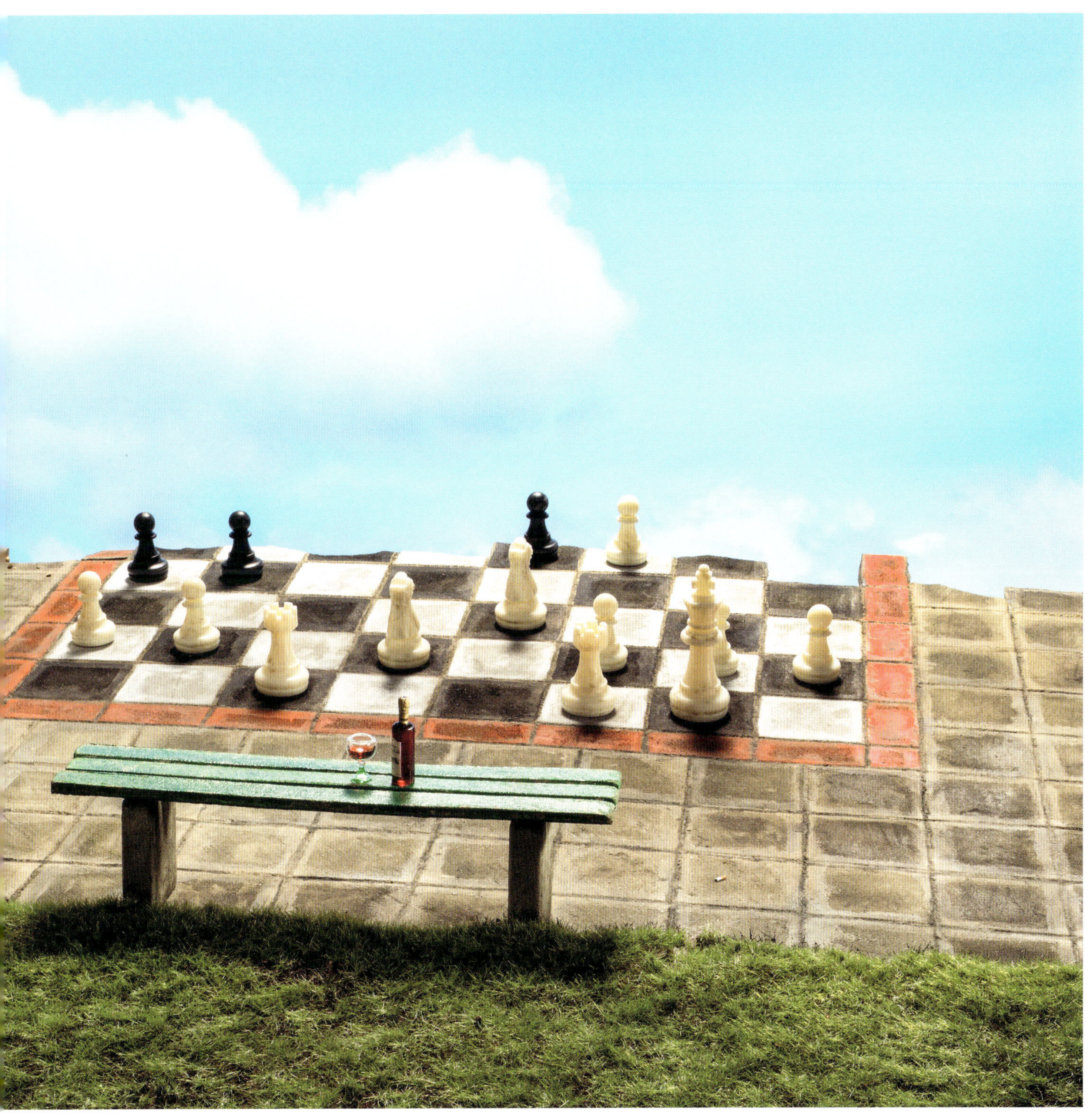

Runder Tisch
Round Table
2022

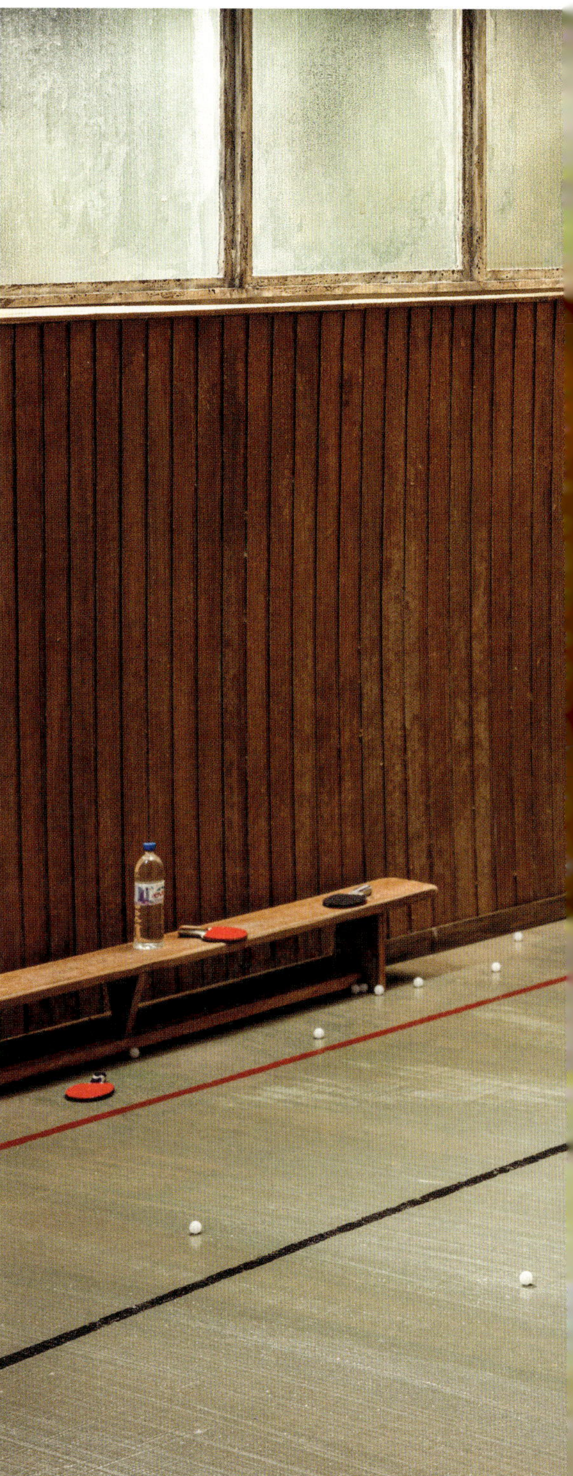

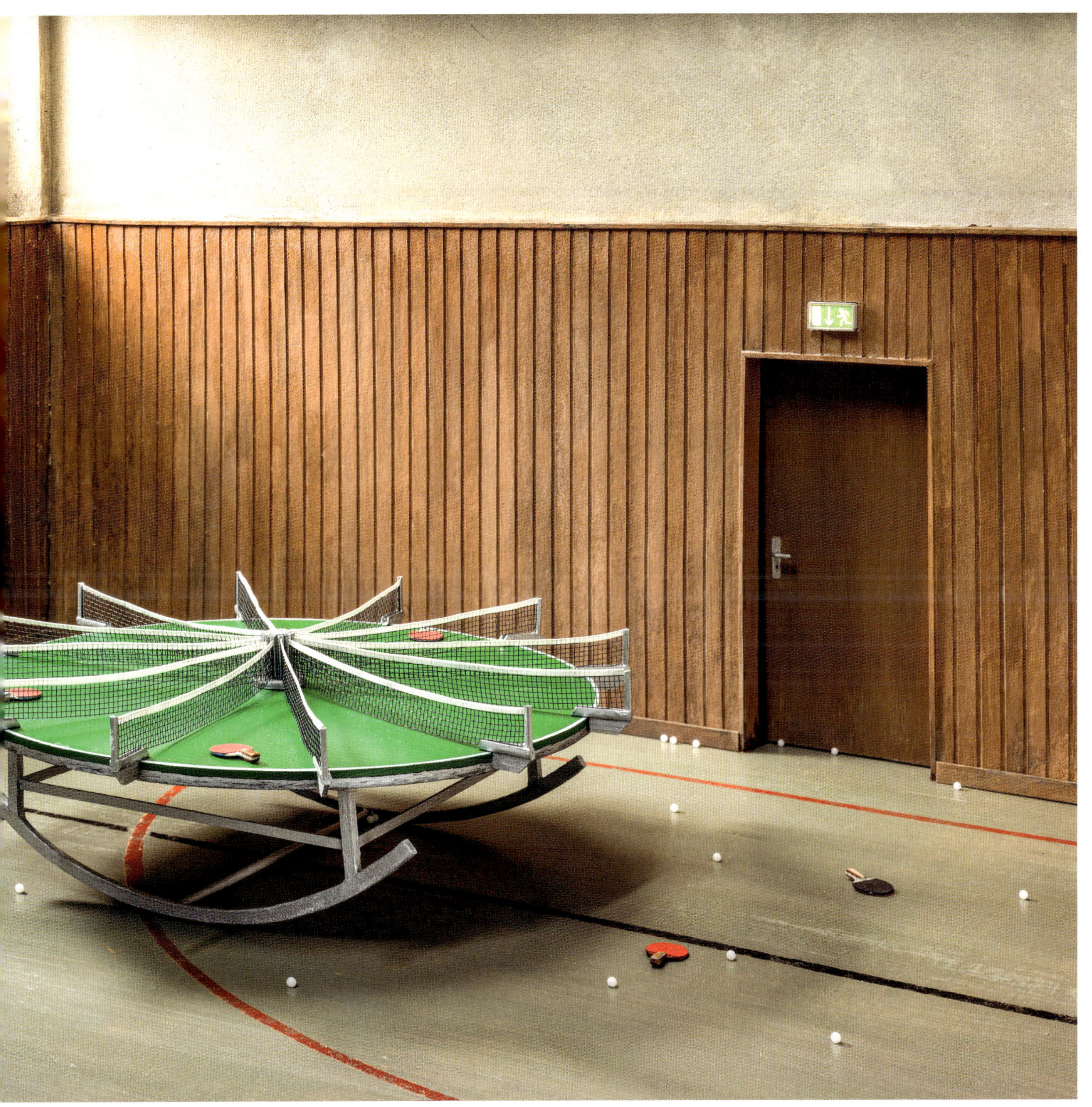

Beletage
Bel Étage
2021

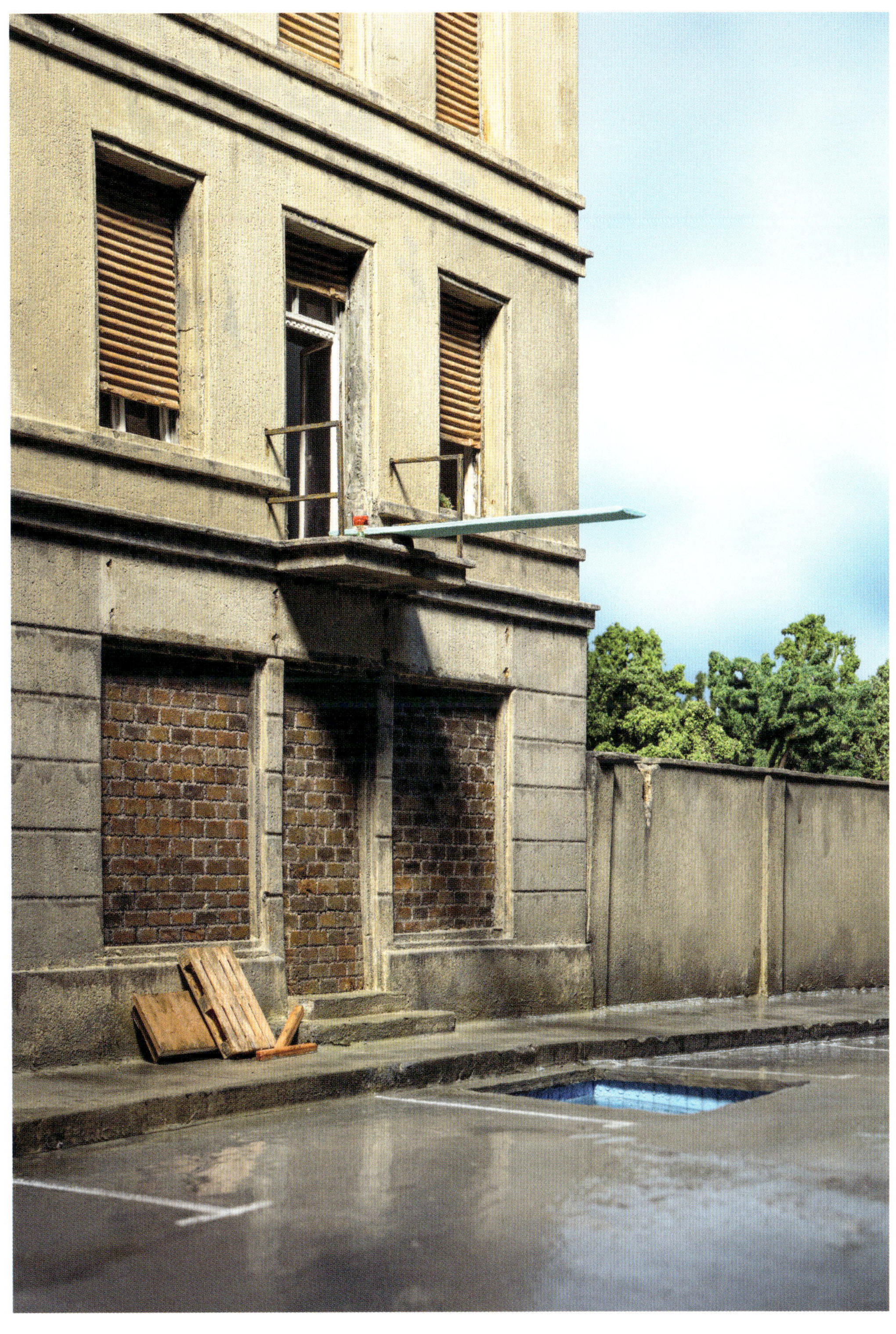

Komfort-Doppelzimmer
Comfort Double Room
2021

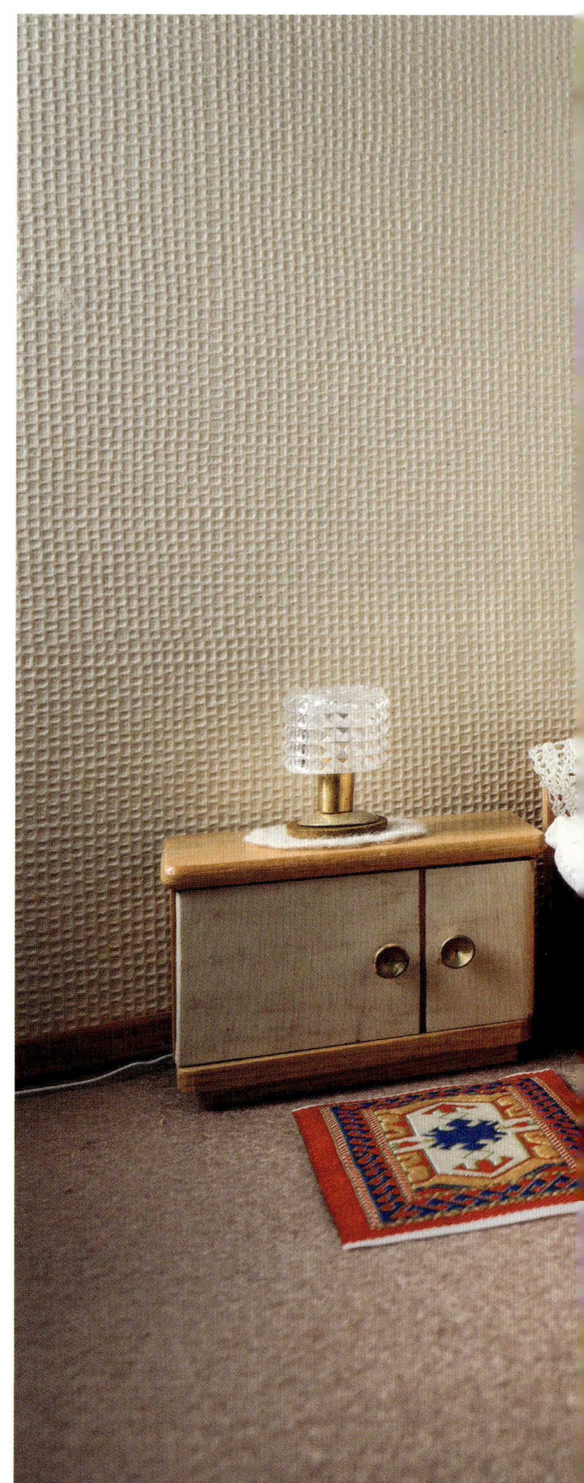

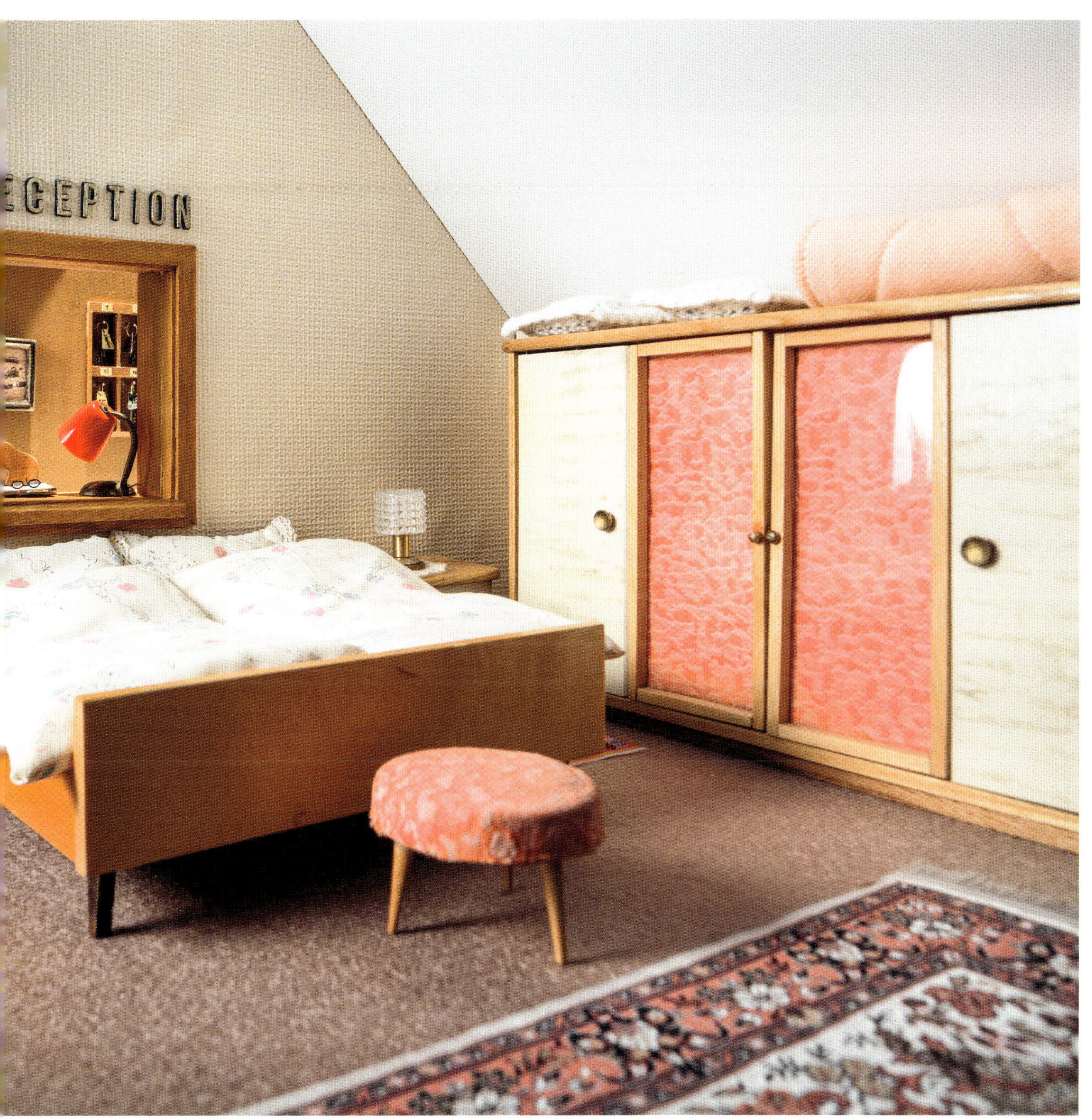
ECEPTION

Tagtraum
Daydream
2021

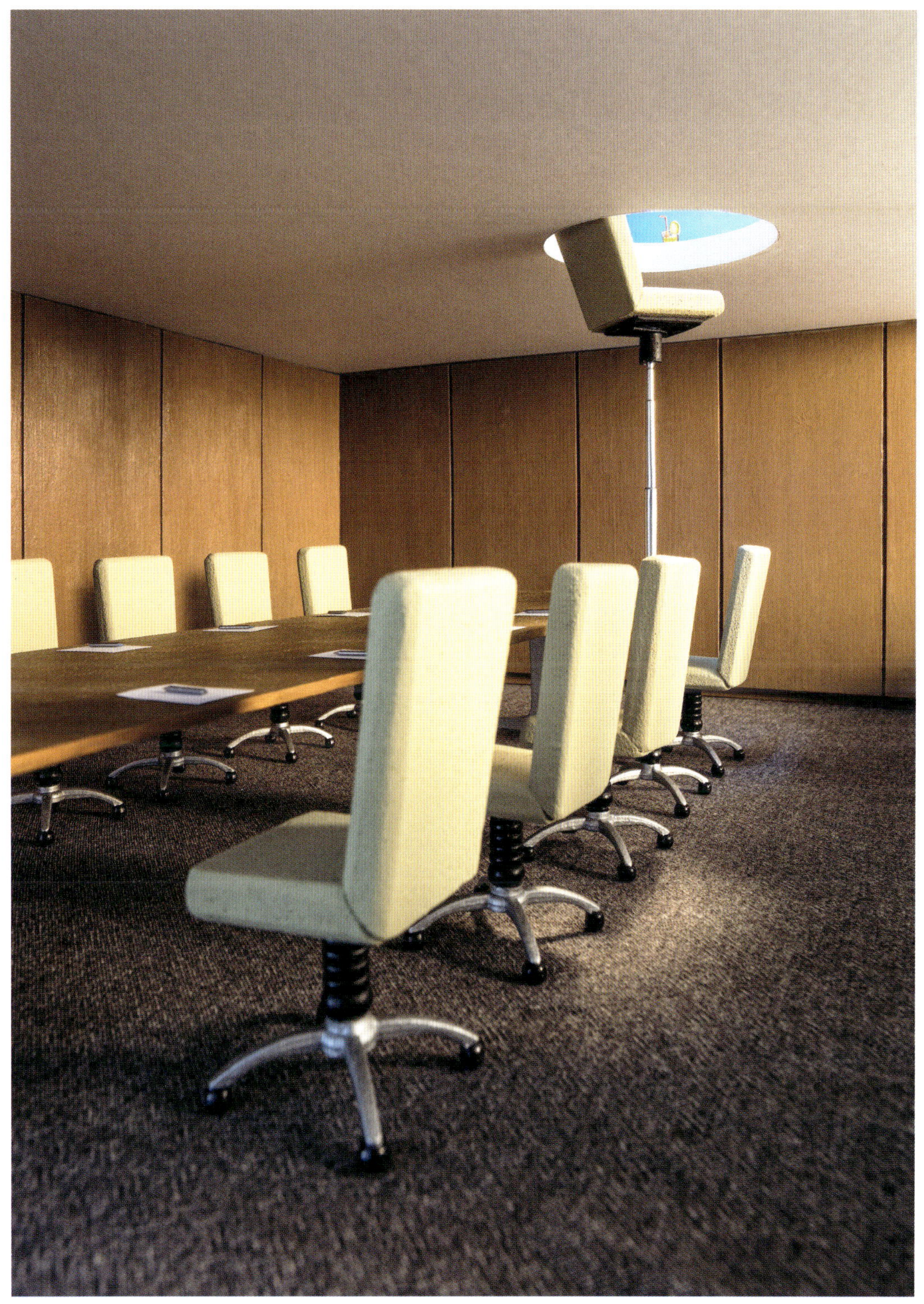

Meisterwerk mit Mansardenrahmen
Masterpiece with Attic Frame
2022

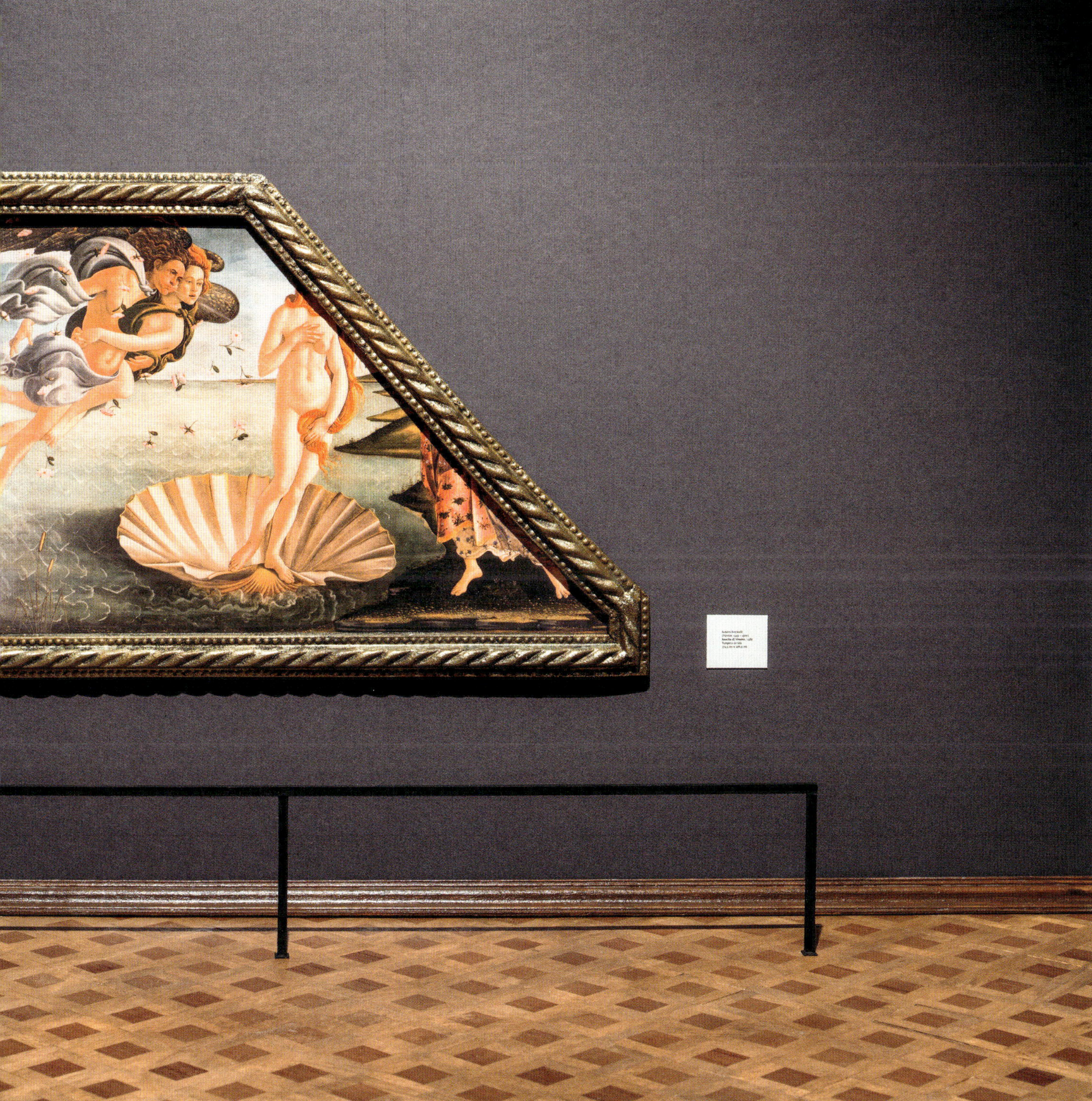

Hideaway
2020

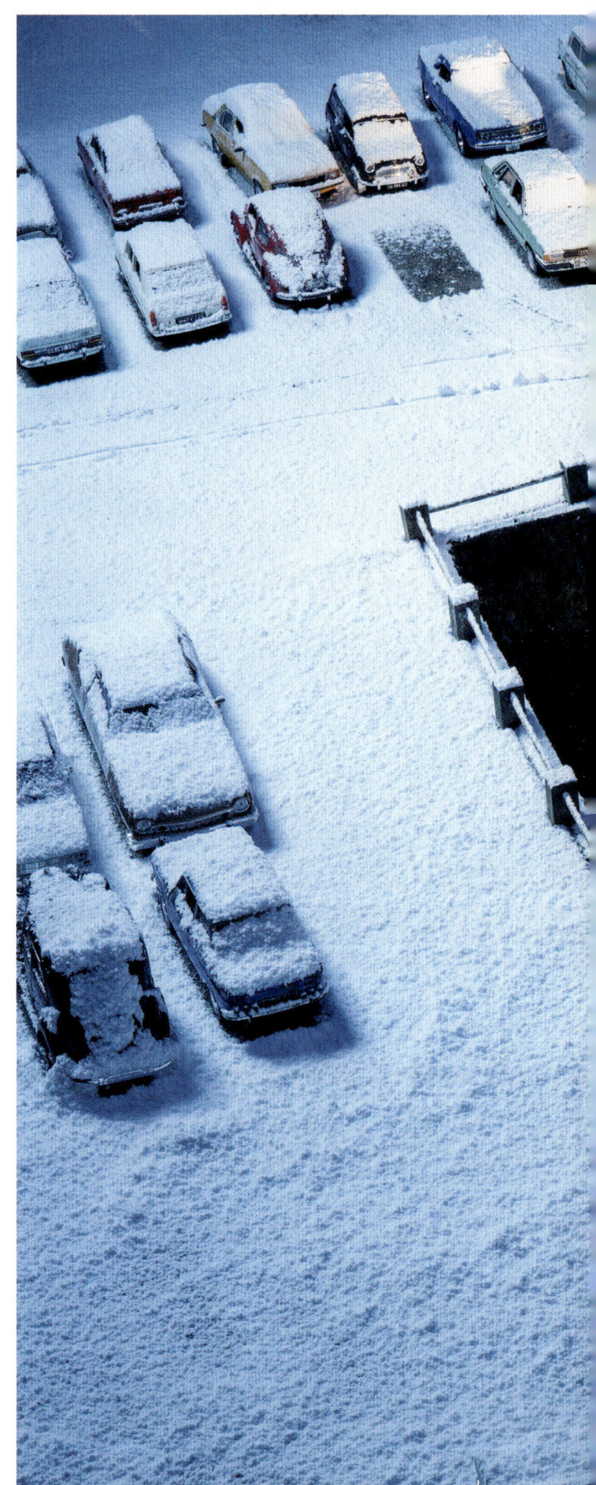

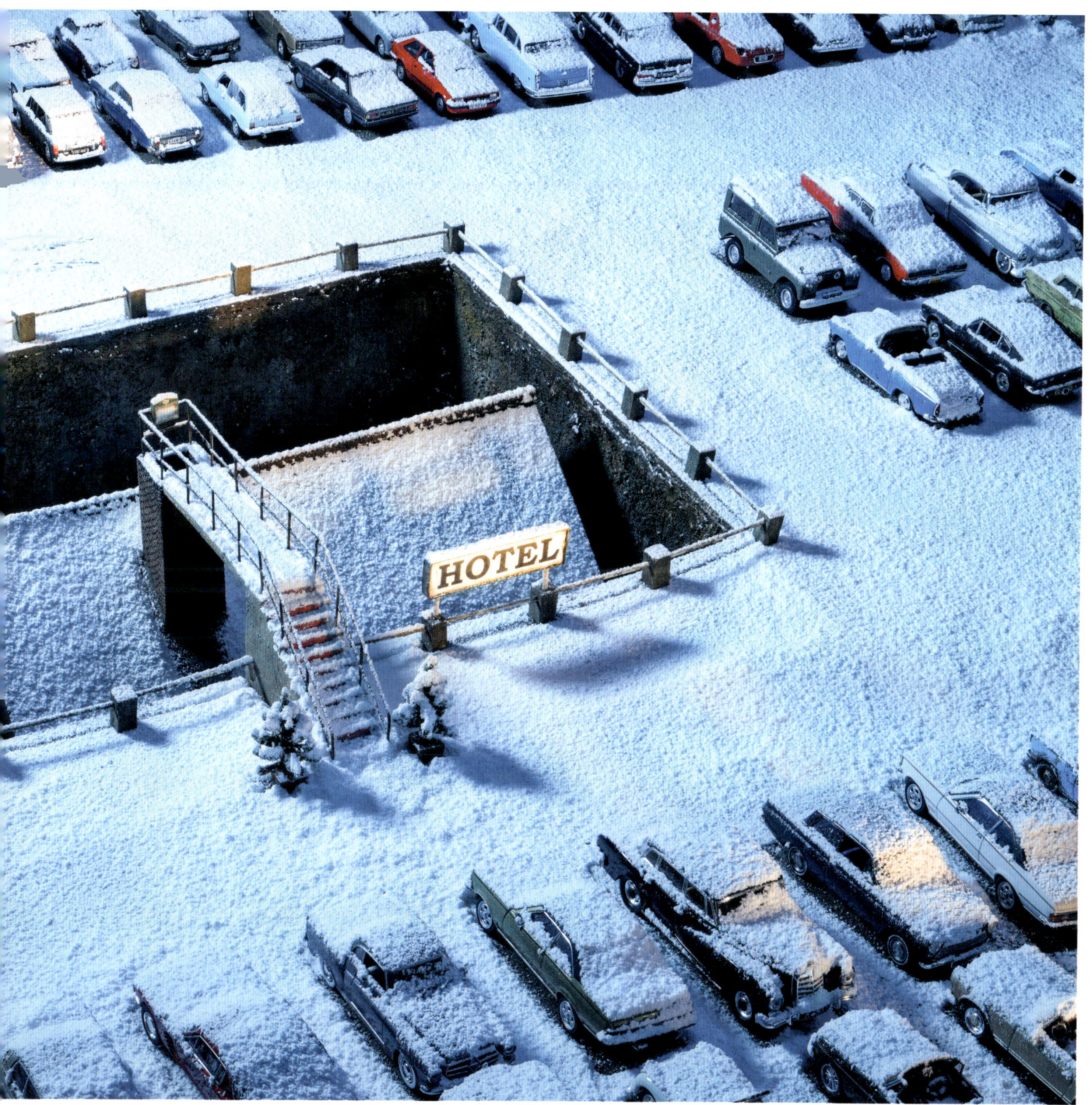

HOTEL

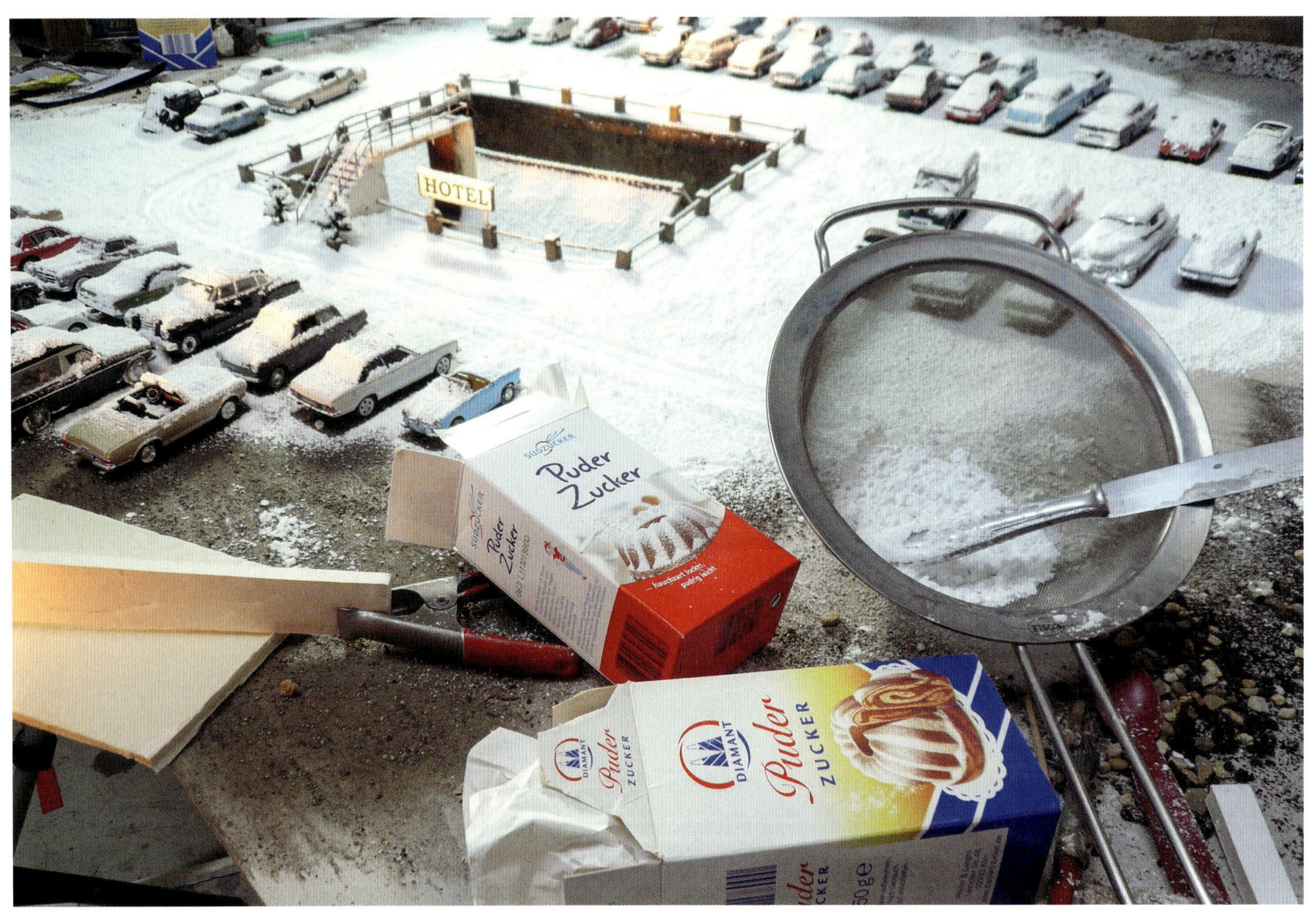
HOTEL
SÜDZUCKER
Puder Zucker
DIAMANT Puder ZUCKER

DAS LEBEN IST EINE MODELLBAUSTELLE

Peter Lindhorst im Gespräch mit Frank Kunert

Die Arbeiten von Frank Kunert sind doppelbödig wie das Leben selbst. Wer das erste Mal eines seiner Fotos betrachtet, wird möglicherweise entzückt, dann zunehmend irritiert und am Ende mit sattem Erkenntnisgewinn ausgestattet sein. Frank Kunerts Welt ist klein, vor allem ist sie aber oho: Die Hinterfragung der *Conditio humana* dient dem Künstler als ständige Antriebsfeder, um seine Szenen zu entwickeln, in Modelle zu überführen und diese schließlich fotografisch zu erfassen. Ein Gespräch zwischen Weltenerschaffer Frank Kunert und Weltendeuter Peter Lindhorst über Baustellen, Höhenangst, Widersprüche des Lebens, Scheitern als Chance und darüber, warum man sich selbst ab und zu Gutes tun sollte.

Peter Lindhorst Es gibt diese symbolische Szene, die Deinem neuen Buch den Titel gibt. Eine steile Treppe führt zu einer Tür, über der das berühmte Diktum von Horaz steht: CARPE DIEM. Das ist die Tür, die wir jeden einzelnen Tag öffnen. Hinter der Tür aber – es kommt auf die Verfasstheit des Betrachtenden an – erwartet diesen ein schöner Ausblick oder ein drohender Abgrund. Bauen wir mal Frank Kunert in die Szene ein: Auf was würde der die Treppe hocheilende und durch die Tür tretende Künstler mehr anschlagen – auf den überraschenden Genuss der Kulisse oder den Abgrund, der sich so unvermittelt auftut?

Frank Kunert Ausblick und Abgrund müssen sich meine Aufmerksamkeit wohl teilen. Zunächst bin ich erst

LIFE IS A MODEL CONSTRUCTION SITE

Peter Lindhorst in Conversation with Frank Kunert

Frank Kunert's works are ambiguous, like life itself. Anyone seeing one of his photographs for the first time will perhaps be charmed, then confounded, and, finally, rewarded by acquiring great knowledge. Frank Kunert's world is small, but above all it is "aha": questioning the *conditio humana* is a constant motivation for the artist to develop his scenes, translate them into models, and record them in photographs. The following is a conversation between the world creator Frank Kunert and the world interpreter Peter Lindhorst concerning construction sites, fear of heights, the contradictions of life, failure as opportunity, and why one should do something nice for oneself now and again.

Peter Lindhorst There is this symbolic scene that provides the title of your new book. A steep stairway leads to a door, above which Horace's famous dictum stands: CARPE DIEM. That is the door we open every single day. Behind the door, however—depending on the state of mind of the observer—awaits either a beautiful prospect or a menacing abyss. Let's build Frank Kunert into the scene: What would strike the artist racing up the stairs and entering the door more: the surprising pleasure in the backdrop or the abyss that opens up so immediately?

Frank Kunert The view and the abyss would presumably have to share my attention. At first, I would be pleased that nothing has happened to me. The fact

mal froh, dass mir nichts passiert ist. Die Tatsache, dass ich vor dem Öffnen der Tür noch auf die Schiefertafel mit den Tagesangeboten schaue, hat meinen Schritt verlangsamt und somit den sicheren Absturz in die Tiefe verhindert. Um meine Höhenangst nicht zu groß werden zu lassen, halte ich mich am Türrahmen fest. Ich atme tief ein, lasse meinen Blick in die Ferne schweifen und bin fasziniert von dem sich ständig ändernden Wolkenbild. Aber ich spüre gleichzeitig auch Verwunderung über die mangelnden Sicherheitsvorkehrungen. Denn es wirkt ja so, als bestünde die Gefahrenquelle schon seit einer ganzen Weile.

PL Höhe scheint also bei Dir – wie übrigens auch bei mir – mit einem Angstgefühl verbunden zu sein. Aber wenn Du an Akrophobie leidest, erstaunt mich, dass viele Deiner Szenen mit Höhe und Tiefe, Abgründen und Bodenlosigkeit spielen. Es gibt Leitern, Sprungbretter, Treppen, einmal sogar eine Abbruchkante. Darf ich daraus schließen, dass Deine Arbeit auch eine Form der Selbsttherapie darstellt?

FK Sicherlich – auch wenn die Anti-Akrophobie-Selbsttherapie bisher nicht so erfolgreich war, dass ich Freeclimbing bald zu meinen Hobbies zählen werde. Aber es ist schon so, dass meine Arbeit von Themen bestimmt wird, die mit den Gefahren des Lebens und all seinen Höhen und Tiefen zu tun haben. Hoffnungen, Sehnsüchte und Ängste sind hierbei eine wichtige Antriebskraft für mich. Bildelemente wie Leitern, Treppen oder Sprungbretter helfen mir dabei, das menschliche Streben nach Größerem, Höherem, dem Überwinden von Grenzen und die gleichzeitige Angst vor Kontrollverlust und Ungewissheit zu symbolisieren. Mit der von Dir genannten Abbruchkante in meinem Bild *Spielabbruch* (S. 49) versuche ich, das abrupte Ende eines sicher geglaubten Glücks zu thematisieren. Die Flasche Rotwein steht noch da, das Glas ist gefüllt, aber von einem Moment zum anderen scheint hier viel passiert zu sein. Alles ist vergänglich. Der Fall ins Bodenlose geschieht manchmal schneller als wir uns das vorstel-

that before opening the door I am still looking at the chalkboard with the daily specials slowed my step and thus prevented a certain dive into the depths. I hold on to the door frame so that my fear of heights will not become too great. I breathe in deeply, allow my gaze to roam the distance, and am fascinated by the image of constantly changing clouds. But, at the same time, I am astonished by the lack of safety regulations. Because it would appear that I have been standing at the source of danger for quite a while.

PL You seem to associate height with a feeling of anxiety—as I do, by the way. But if you suffer from acrophobia, I am surprised that many of your scenes play with height and depth, abysses and bottomlessness. There are ladders, springboards, stairs, even a scarp once. Should I conclude therefore that your work represents a form of self-therapy?

FK Of course, although my anti-acrophobia self-therapy has not thus far been so successful that I will soon number free-climbing among my hobbies. But it's certainly the case that my work is determined by themes related to the dangers of life and all its heights and depths. Hopes, desires, and fears are important motivators for me. Visual elements such as ladders, stairs, or springboards help me to symbolize the human striving for the greater, the higher, to overcome limits and the simultaneous fear of losing control and of uncertainty. With the scarp you mention, in my photograph *Spielabbruch* (*Breaking Off the Game*, p. 49), I am trying to address the abrupt end of a happiness that was thought to be certain. The bottle of red wine is still standing there, and the glass is full, but from one moment to the next a lot seems to have happened here. Everything is ephemeral. The fall into the bottomless sometimes happens faster than we can or would like to imagine. At the same time, for me this scene also has something peaceful about it; the innocent-looking cloud in the blue sky underscores that mood. With my works I al-

len können oder möchten. Gleichzeitig hat die Szene für mich auch etwas Friedliches; die unschuldig wirkende Wolke am blauen Himmel unterstreicht diese Stimmung. Ich möchte mit meinen Arbeiten immer auch das Scheitern im Leben auf liebevolle Weise betrachten – dann gelingt das Aufstehen nach dem Hinfallen umso leichter.

PL Einen therapeutischen Schub erfährt auch der Betrachter Deiner Szenen. Sollte ich jemandem, der Deine Arbeiten überhaupt nicht kennt, die Wirkung der Bilder beschreiben, würde ich das Schaukelpferd in *Hoppe, hoppe, Reiter* (S. 38) heranziehen. Mit kindlicher Lust besteige ich dieses, um ausgelassen hin- und herzuschwingen. Mitten in die kindliche Begeisterung schleicht sich ein Unbehagen. Und das ist dann wiederum ein sehr erwachsenes Gefühl. Denn es wird einem plötzlich klar, wie das Lied weitergeht: »...wenn er fällt, dann schreit er.« Deine Arbeiten spielen mit Ambivalenzen, Spannungen und Widersprüchlichkeiten unseres Daseins und man fühlt sich als Betrachtender merkwürdig herausgefordert. »Es gibt kein richtiges Leben im falschen«, aus dieser Erkenntnis Adornos leitet sich viel Gedankenfutter ab. Auf welche Weise gerät eine Idee in Deinen Kopf und ab welchem Moment erkennst Du, ob diese tatsächlich tragfähig genug ist, um sie so aufwendig, wie Du es tust, in die Welt zu entlassen?

FK Hin und wieder herrscht in meinem Kopf ein wildes Durcheinander. Dann würde ich am liebsten »Wegen Überfüllung geschlossen« auf meine Stirn schreiben. Meist entscheide ich mich dann aber dafür, etwas innere Ordnung zu schaffen: Ich gönne mir Ruhe, gehe spazieren und lasse meinen Gedanken freien Lauf. Die kindlichen und erwachsenen Akteure in meinem Oberstübchen dürfen dann miteinander spielen. Daraus entstehen Assoziationsketten und im besten Fall erste Ideen, die ich in meinem Skizzenbuch festhalte. Im Laufe der Zeit kristallisiert sich aus den Entwürfen ganz automatisch heraus, welcher von ihnen

ways want to look fondly on failure in life as well—then standing up after falling is that much easier.

PL The viewer also gets a therapeutic impetus from your scenes. If I were to describe the effect of your photographs to someone who does not know your works at all, I would cite the rocking horse in *Hoppe, hoppe, Reiter* (*Bumpety Bump, Rider*, p. 38). I mount it with childish pleasure in order to swing back and forth on it, relaxed. Amid this youthful enthusiasm, a feeling of unease creeps in. And then it is in turn a very adult feeling. Because suddenly you realize how the German nursery rhyme continues: "if he falls, then he cries out." Your works play with the ambiguities, tensions, and contradictions of our existence, and as a viewer one feels strangely challenged. "Wrong life cannot be lived rightly"—that insight by Adorno provides a lot of food for thought. How does an idea end up in your head, and at what point do you recognize whether it is really sound enough to release it into the world as lavishly as you do?

FK Now and again, a wild chaos reigns in my head. When it does, I would just as soon write "Closed due to overcrowding" on my forehead. Usually, however, I then decide to create some inner order: I treat myself to some rest, take a walk, give my thoughts free rein. The child and adult players in my head are allowed to play together. This results in chains of associations, and ideally in the first ideas, which I record in my sketchbook. Over the course of time, from these drafts fall into place, quite automatically, those that are in the running for my next photo project. That happens intuitively and is influenced by my experiences, observations, or memories, which ultimately provide the decisive "kick." That tells me: now I can start building the model. Then an idea stimulates me so much that I become curious to see how a scene in my head becomes something tangible and ultimately visible. Whether the whole thing really works out is often something I can only discover by first designing the

für mein nächstes Bildprojekt das Rennen macht.
Das passiert intuitiv und wird von meinen Erlebnissen,
Beobachtungen oder Erinnerungen beeinflusst, die
letztlich für den entscheidenden »Kick« sorgen. Dieser
sagt mir: Jetzt kann es mit dem Modellbau losgehen.
Eine Idee reizt mich dann so sehr, dass ich neugierig
darauf bin zu erfahren, wie aus einer Szene in meinem
Kopf etwas Greif- und schließlich Sichtbares wird. Ob
das Ganze aber wirklich funktioniert, kann ich oft erst
herausfinden, indem ich zunächst die Grundelemente
der Miniaturkulisse gestalte und danach die ersten
Blicke durch den Kamerasucher werfe. So bekomme
ich eine Ahnung von der Wirkung der Bildkomposi-
tion. Dabei spielt auch die künstliche Beleuchtung im
Studio eine große Rolle, die für die Atmosphäre der
Szene sorgt.
PL Eine Idee schält sich heraus, die Du im nächsten
Schritt greifbar zu machen versuchst. So fängst Du an,
Dir eine kleine Welt zusammenzuschustern. Ich hatte

basic elements of the miniature set and then looking
at it for the first time through the camera's viewfinder.
That gives me a sense of the effect of the composi-
tion. The artificial lighting in the studio also plays a
big role, providing the atmosphere of the scene.
PL An idea is sifted out that you try to make tangible
in the next step, so you start to cobble together a tiny
world. When I was a child, I had a friend whose strict
father sometimes allowed us into his sanctuary, the
model train world he had built in the cellar, behind a
thick steel door that was always locked. We weren't
allowed to touch anything. I was impressed, but the
great seriousness with which he pursued his hobby
also frightened me a little. How and when did you develop your passion for building models? Was there
an earnest father who introduced you to the art of
building worlds for model trains?
FK I was never influenced by my parents in that
way. Model trains never rolled through my childhood

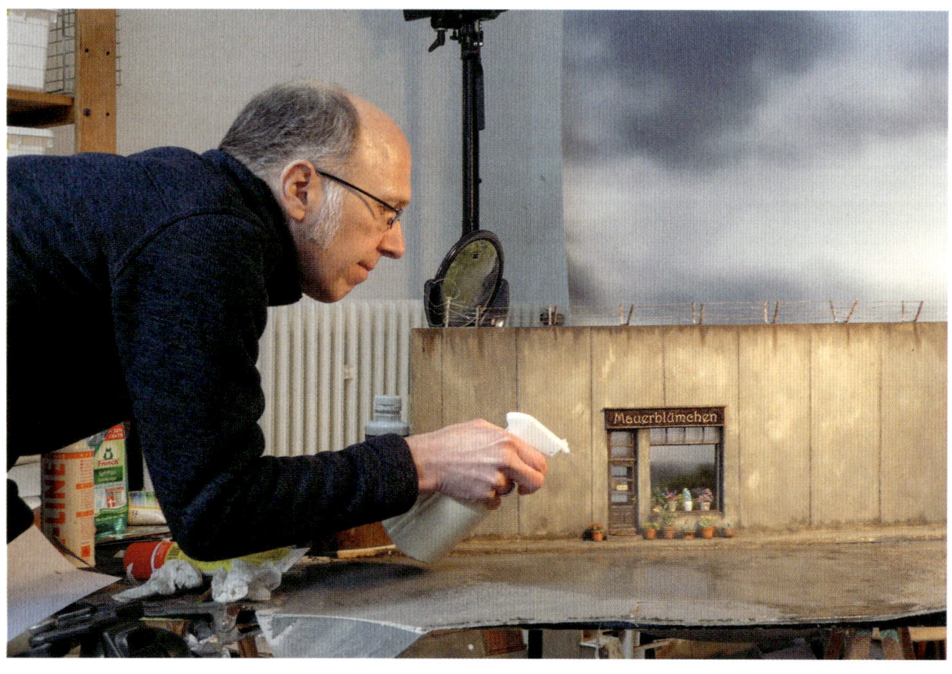

als Kind einen Freund, dessen strenger Vater uns manchmal in sein Allerheiligstes einließ, in seine Modelleisenbahnwelt, die er sich im Keller hinter einer dicken, immer verschlossenen Eisentür erschaffen hatte. Anfassen durfte man da gar nichts. Ich war beeindruckt, aber die große Ernsthaftigkeit, mit der sein Hobby betrieb, machte mir auch ein wenig Angst. Wie und wann bist Du dazu gekommen, Deine Passion für Modellbau zu entwickeln? Gab es einen ernsten Vater, der Dich in die Kunst des Eisenbahnweltenbaus eingeführt hat?

FK Von meinen Eltern wurde ich in dieser Hinsicht nicht geprägt, Modelleisenbahnen rollten in meiner Kindheit nie durch unser Zuhause. Ich erinnere mich aber an Bausätze von Häusern in kleinem Maßstab, die ich damals gerne zusammenbastelte. Ich war ein ziemlich stilles Kind, das sich oft zurückzog und vor sich hin werkelte. Obwohl ich auch viel mit meinem Bruder und Freunden spielte, war mein Bedürfnis nach dem Abtauchen in eine eigene Welt sehr groß. In meiner Jugend kam dann plötzlich die Fotografie ins Spiel. Ich hatte mir zum 16. Geburtstag eine Kamera gewünscht und war fortan von diesem Medium fasziniert. Mit meiner Ausrüstung streifte ich im frühen Morgen- oder späten Abendlicht immer wieder durch die Natur und übte dabei auch schon das langsame Fotografieren mit dem Stativ. Nach dem Abitur entschloss ich mich dann 1984 eine Ausbildung zum Fotografen zu machen. In einem Studio für Werbe- und Industriefotografie lernte ich die Technik einer Großformatkamera kennen und übte, wie man Produkte im künstlichen Licht des Studios in Szene setzen kann. Es war ein sehr handwerkliches und präzises Arbeiten, das ich schon während der Lehrzeit zu schätzen wusste. In den ersten Jahren meiner Selbstständigkeit kam ich beruflich mit dem Modellbau in Berührung. Eine Zeitschriftenredaktion suchte Mitte der 1990er-Jahre Fotos, die spielerisch mit dem Thema Essen umgingen. Ich war überhaupt kein richtiger Food-Fotograf, doch

home. But I remember the kits for building houses, on a small scale, which at the time I enjoyed assembling. I was a rather quiet child, who often withdrew and worked away alone. Although I also played a lot with my brother and friends, I felt a strong need to dive into my own world. Then as a teenager photography came into play. I had asked for a camera for my 16th birthday and was fascinated by the medium from then on. With my equipment I would foray through nature again and again in the light of the early morning or late evening and was then already practicing long exposures with a tripod. After graduating school, I decided in 1984 to do an apprenticeship in photography. In a studio for advertising and industrial photography, I got to know the techniques for a large-format camera and practiced presenting products in the artificial light of the studio. It was a task calling for a lot of skill and precision, and I learned to appreciate it during my apprenticeship. In the early years of my independent career, I then came into contact with model building in a professional context. In the mid-1990s, a magazine was looking for photos that playfully addressed the theme of eating. I was by no means a proper food photographer, but fortunately the client was open to the idea that not every image would show filled plates but also occasionally the façade of an imaginary restaurant. That led to my first architectural backdrops, which I designed as miniatures. I found it fascinating to reduce the scale of a scene; it simply grabbed me and has famously not let go even today. By the way, when you were telling me the story of your friend's father, I realized that the door to my workshop is always locked too—especially when I am on one of my diving excursions into my own world.

PL Diving into your own world is something I can understand very well. You could always do that with the act of photography alone, but it seems that isn't enough for you. Diving into a miniature world you have

zum Glück waren die Auftraggeber offen dafür, nicht in jedem Bild gefüllte Teller zu zeigen, sondern auch mal die Fassade einer imaginären Gaststätte. Hierbei entstanden meine ersten Architekturkulissen, die ich als Miniatur gestaltete. Die Verkleinerung des Maßstabes einer Szene fand ich faszinierend, es hat mich schlichtweg gepackt und bekanntlich bis heute nicht losgelassen. Übrigens musste ich bei der Erzählung vom Vater Deines Freundes gerade daran denken, dass auch die Tür meiner Werkstatt stets verschlossen ist – gerade dann, wenn ich mal wieder auf einem meiner Tauchgänge in die eigene Welt bin.

PL Das Abtauchen in eine eigene Welt ist etwas, das für mich sehr nachvollziehbar ist. Das könntest Du Dir schon allein mit dem Akt des Fotografierens erfüllen, doch das scheint Dir nicht genug zu sein. Das Eintauchen in eine von Dir gebaute Miniaturwelt verdoppelt diesen kreativen, selbstbezogenen Prozess. Die detailverliebten Ideen sind das eine, die Realisierung das andere. Wie lange verschwindest Du in Deine Welt? Anders gefragt: Wie lange dauert der Aufbau einer Szenerie und wo kriegst Du Deine Materialien und Requisiten, etwa Möbelstücke im passenden Maßstab, her? Welche Szene in Deinem neuen Buch stellte die größte Herausforderung in dieser Hinsicht dar?

FK In der Tat verlängert sich die Zeit des Abtauchens durch die Kombination der beiden Tätigkeiten. So dauert es vom ersten Spatenstich auf einer Modellbaustelle bis zum fertigen Foto etwa zwei bis drei Wochen, kann aber durchaus auch mal zwei Monate in Anspruch nehmen. Es hängt von der Komplexität der jeweiligen Szene ab, aber auch davon, wie weit mein Konzept vor Beginn der ersten Arbeitsschritte schon ausgereift ist. Ab und zu gibt es – wie bei der Entstehung echter Gebäude – unvorhergesehene Unterbrechungen oder Pfusch am Bau, wodurch sich das ganze Projekt etwas in die Länge zieht. Es ist wie im echten Leben! Natürlich kann neben der handwerklichen

built yourself doubles this creative, self-referential process. Ideas obsessed with details are one thing, realizing them another. How long does it take you to build a scene, and where do you get your materials and props, such as items of furniture of the proper scale? Which scene in your new book posed the greatest challenge in that respect?

FK The time spent diving does indeed increase when the two activities are combined. From breaking ground on the model construction site to the finished photograph takes about two to three weeks, but sometimes it can certainly take two months as well. It depends on the complexity of the scene in question but also on how developed my concept is before beginning the first steps. Now and again, as with a real building, there are unforeseen interruptions or blunders in the construction, causing the whole project to take longer. Just like in real life! In addition to the work of assembly, obtaining the materials necessary can also take up a lot time. With basic materials, such as the cardboard and foam board I use to make my walls, it's easy; I usually have them on hand or order them from the art supply store. Buying the furniture takes a little longer: first, I think about the era from which they should date and what style they should have. If I am not building them myself, or modifying existing pieces, I look for them, new or used, on the Internet or at a small store specialized in miniatures. Sometimes my wife and I go to flea markets, and sometimes have an accomplishment or two on our treasure hunt there. I found additional inspiration for materials in my shelves full of boxes, in which I have collected all sorts of things—packing materials, diverse small parts or fabrics. You never know when you might be able to use it someday. Especially when designing interiors, it is important to me to have a rich store to draw on to test the visual effect of different materials. One challenge that I remember well occurred while working on *Tagtraum* (*Daydream*, p. 57): I found the model quite

Arbeit auch die Beschaffung der benötigten Materialien zeitaufwendig sein. Bei den Grundstoffen wie Pappe oder Leichtschaumplatten, aus denen ich meine Mauern fertige, ist es einfach; diese habe ich meist auf Lager oder bestelle sie bei einem Händler für Künstlerbedarf. Der Kauf der Möbel dauert ein bisschen länger: Zunächst überlege ich mir, aus welcher Zeit sie stammen und welchen Stil sie haben sollen. Wenn ich sie nicht selbst baue oder bereits vorhandene Stücke modifiziere, suche ich sie als Neu- oder Gebrauchtware im Internet oder in einem kleinen Laden, der auf Miniaturen spezialisiert ist. Hin und wieder sind meine Frau und ich auf Flohmärkten unterwegs, dort gibt es dann auch mal den einen oder anderen Erfolg bei der Schatzsuche. Weitere Materialanregungen finde ich in meinen Regalen mit vollen Kisten, in denen ich alles Mögliche – Verpackungsmüll, diverse Kleinteile oder Stoffe – gesammelt habe. Man kann ja nie wissen, was man alles irgendwann brauchen könnte. Gerade

good in general, but I wasn't yet happy with the carpet. Felt, suede? I had already tried out several things and was still dissatisfied. Early one morning, shortly after getting out of bed, my tired gaze fell on my pillow. I had found my solution: the pillowcase moved from our bedroom to the miniature conference room.

PL Ansel Adams once said that twelve good photographs a year is a good yield. The message behind that is that many photographs, even in the case of a professional photographer like Adams, merely represent surplus. You cannot really afford the luxury of surplus with the effort you put into it. Let's assume you have built a wall, installed windows, papered walls, laid carpets, installed furniture and, as it were, done your duty as architect, craftsman, and interior designer. But then you switch to the role of photographer. Has it ever happened that a model you thought was good just didn't work as a photograph?

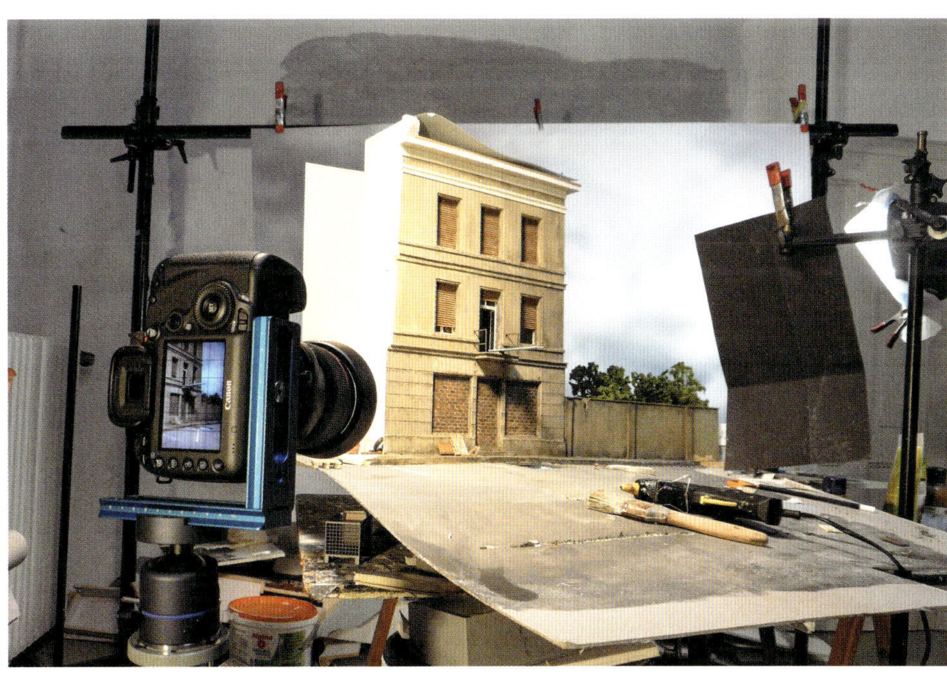

bei der Innenausstattung von Räumen ist es mir wichtig, einen reichen Fundus zu haben, um die visuelle Wirkung mit verschiedenen Materialien zu testen. Eine Herausforderung, an die ich mich gut erinnere, erlebte ich dabei während meiner Arbeit an *Tagtraum* (S. 57): Das Modell fand ich insgesamt schon ganz gut, aber mir gefiel der Teppichboden noch nicht. Filz, Veloursleder? Ich hatte schon einiges ausprobiert und war immer noch unzufrieden. Eines frühen Morgens fiel mein müder Blick dann kurz nach dem Aufwachen auf mein Kopfkissen. Die Lösung war gefunden: Der Bezug wanderte von unserem Schlafzimmer in den Miniatur-Konferenzraum.

PL Ansel Adams hat einmal gesagt, dass zwölf gute Fotos pro Jahr eine gute Ausbeute seien. Dahinter steht die Botschaft, dass eine Vielzahl von Fotos auch bei einem professionellen Fotografen wie Adams nur Ausschuss darstellen. Du kannst Dir den Luxus des Ausschusses mit Deinem Aufwand eigentlich gar nicht leisten. Nehmen wir mal an, Du hast Mauerwerk errichtet, Fenster eingebaut, Wände tapeziert, Teppich verlegt, Einrichtungsgegenstände eingeräumt und Dich sozusagen als Architekt, Handwerker und Innendesigner betätigt. Dann aber wechselst Du in die Rolle des Fotografen – ist es schon vorgekommen, dass ein Modell, was von Dir für gut befunden wurde, als Bild einfach nicht funktioniert hat?

FK Den von Dir erwähnten Ausschuss gibt es natürlich auch bei mir. Allerdings eher selten erst bei den Fotos, sondern oft schon vorher in meinem Kopf oder im Skizzenbuch. Von den Ideen schafft es letztlich nur ein kleiner Teil, verwirklicht zu werden. Um eine Fehlplanung zu verhindern, ist die Tatsache, dass ich Architekt, Handwerker und Fotograf in einer Person bin, von großem Vorteil. So kann ich schon am Anfang der Bauphase mit meiner Kamera in die Szene eintauchen, sämtliche Arbeitsschritte begleiten und somit auch beeinflussen. Der Fotograf ist also ständig in Kontakt mit dem Architekten und allen anderen Betei-

FK The surplus you mention also exists in my work, of course. It is, however, rather rare that it first occurs with the photographs but often already in my head or in the sketchbook. After all, only a small number of the ideas get to be realized. When it comes to avoiding poor planning, the fact that I am an architect, craftsman, and photographer all in one is a great advantage. Already at the beginning of the construction phase, I can dive into the scene with my camera, following all of the steps in the process and hence also influencing them. The photographer is thus in constant contact with the architect and everyone else involved. And it does still happen that I notice during the process that a concept isn't working. Then I look for what the problem could be and try things out, because sometimes just a small change can still bring the whole thing to a satisfactory result. It can mean leaving out or adding single objects or another time maybe better lighting. And suddenly I notice that sticking with it paid off. When all my attempts fail, sometimes, the wrecking ball swings into action. Initially, I always find that extremely unsatisfying. My remark at the beginning of our conversation that I look fondly on failure is put to a tough test at such moments. But as soon as I am in the middle of tearing down and cleaning up, at a certain point there is something liberating about it. After all, it creates space for something new again. Not infrequently elements of the model or aspect of a failed work wander into a new project. So, the demolition I first perceived as destructive also has a constructive side.

PL Failure as opportunity—I see that there is always a fundamental optimism in your answers, and it is also reflected in your scenes, despite all the calamities that happen in them. Nevertheless, in your work even the destruction, the demolition, can represent an act of liberation. You have published several books, into which only your best ideas made it. But are there also moments and phases in which the ideas do not

ligten. Und trotzdem kommt es vor, dass ich während des Prozesses merke, dass ein Konzept nicht funktioniert. Dann schaue ich mir genau an, woran es liegen könnte, und probiere herum – denn manchmal ist es nur eine kleine Änderung, die das Ganze doch noch zu einem befriedigenden Ergebnis bringt. Es können einzelne Objekte sein, die ich weglasse oder hinzufüge, ein anderes Mal eine passendere Lichtstimmung. Und plötzlich merke ich, dass es sich doch gelohnt hat, dranzubleiben. Wenn aber all meine Versuche misslingen, kommt gelegentlich auch die Abrissbirne zum Einsatz. Ich empfinde das zunächst immer als äußerst unbefriedigend. Meine Aussage vom Anfang unseres Gesprächs, dass ich das Scheitern auf liebevolle Weise betrachten möchte, wird in solchen Momenten auf eine harte Probe gestellt. Doch sobald ich mittendrin bin im Abreißen und Aufräumen, hat das ab einem gewissen Zeitpunkt auch etwas Befreiendes. Denn schließlich entsteht wieder Raum für Neues. Dabei kommt es nicht selten vor, dass Modellelemente oder Aspekte aus der misslungenen Arbeit in ein neues Projekt wandern. Der Abriss, den ich erst als destruktiv empfunden habe, hat so auch eine konstruktive Seite.

PL Scheitern als Chance – ich erkenne, dass in Deinen Antworten immer ein Grundoptimismus vorhanden ist, der sich auch in Deinen Szenen trotz aller dort stattfindender Kalamitäten widerspiegelt. Demnach kann sogar die Destruktion, der Abriss, bei Dir einen Befreiungsakt darstellen. Du hast mittlerweile mehrere Bücher herausgebracht, in die es nur die besten Ideen geschafft haben. Aber gibt es auch Momente und Phasen, in denen Ideen nicht purzeln und Dein Skizzenbuch leer bleibt? Was hilft Dir dann?

FK Es gibt sehr wohl Phasen, in denen mir gar nichts einfällt. Dann zweifle ich an mir selbst und bin frustriert. Tja, was hilft mir dann? Wenn in unseren Vorratsschränken Schokolade lagert, dann wird der Bestand sehr zügig reduziert. Das ist als »Notfallmedizin« kurz-

tumble out, and your sketchbook remains blank? What helps then?

FK There are certainly phases in which nothing at all occurs to me. Then I have doubts about myself and am frustrated. Well, what helps me then? If there is chocolate in our larder, the supply will be reduced very quickly. That is "emergency medicine": it eases the pain for a time, but it does not really help in the long term. What really does me good, entirely without side effects, are brief escapes into nature. Seeing plants and animals, breathing fresh air—that grounds me, provides consolation, and keeps the frustration from turning too much into self-pity. Or I think about other things with my wife and friends. Doing something and having a laugh together can be very healing. Over the course of the years, moreover, I have learned that such times also pass and that the ability to hold out pays off. Any passion—and that's how I perceive my work—has its lean periods. The doubting and discord, the standstill and feeling of failure: all of that also influences the making of my photographs. But ask me that question again when I'm in the middle of such a phase. I'm not sure my answer will sound as optimistic!

PL You say you work as an architect, craftsman, and photographer in one, but I think that one crucial function is still missing in that list: you are also excellent at coming up with titles. The point of your work often comes across first in such wonderful titles as *Tiefschlaf* (*Deep Sleep*, p. 39), *Beobachtungstürme* (*Observation Towers*, p. 41), or *Aus heiterem Himmel* (*Out of the Blue*, p. 47). The interplay of scene and title spins out a philosophical depth for the viewer. How do you choose such apt titles? Is refined wordplay sometimes even the starting point for an idea?

FK I'm glad you see it that way. The title does indeed play an important role in many of my photographs. I always find the effect of spoken or written language as a form of human expression fascinating.

zeitig lindernd, doch auf Dauer nicht wirklich hilfreich. Was mir aber ganz ohne Nebenwirkungen guttut, sind kleine Fluchten in die Natur. Pflanzen und Tiere sehen, frische Luft einatmen – das erdet, gibt Trost und verhindert, dass der Frust zu sehr in Selbstmitleid umschlägt. Oder ich komme mit meiner Frau und Freunden auf andere Gedanken. Zusammen etwas unternehmen und gemeinsam lachen, das kann sehr heilsam sein. Im Laufe der Jahre habe ich außerdem die Erfahrung gemacht, dass solche Zeiten auch wieder vorübergehen und dass sich Durchhaltevermögen lohnt. Zu einer Leidenschaft – als solche empfinde ich meine Arbeit – gehören eben auch Durststrecken. Das Zweifeln und Hadern, der Stillstand und das Gefühl des Scheiterns: All das beeinflusst ja auch immer wieder die Entstehung meiner Bilder. Aber stell mir noch mal dieselbe Frage, wenn ich mittendrin bin in so einer Phase. Ich bin mir nicht sicher, ob meine Antwort dann genauso optimistisch klingt!

Words can offer lots of room for interpretation. What does someone want to say, and how will the listener understand it? The relationship of title and photograph moves within that tension. Refined wordplay can indeed be the starting point of an idea—presuming that there is an idea behind it that goes beyond the mere punchline. By taking a word literally or by exaggerating it, I am trying to play with sense and meaning.

PL The mere punchline is never your concern. Peter Ustinov once said: "Humor is simply a funny way of being serious." It seems to me that your variety of humor is one in which meaning and honesty always resonate in it, and so it is removed from the audience and critics equally. Anyone who makes use of humor in the field of art is eyed with suspicion. How do you characterize your own relationship to humor? And is humor something you can appreciate in the work of other artists?

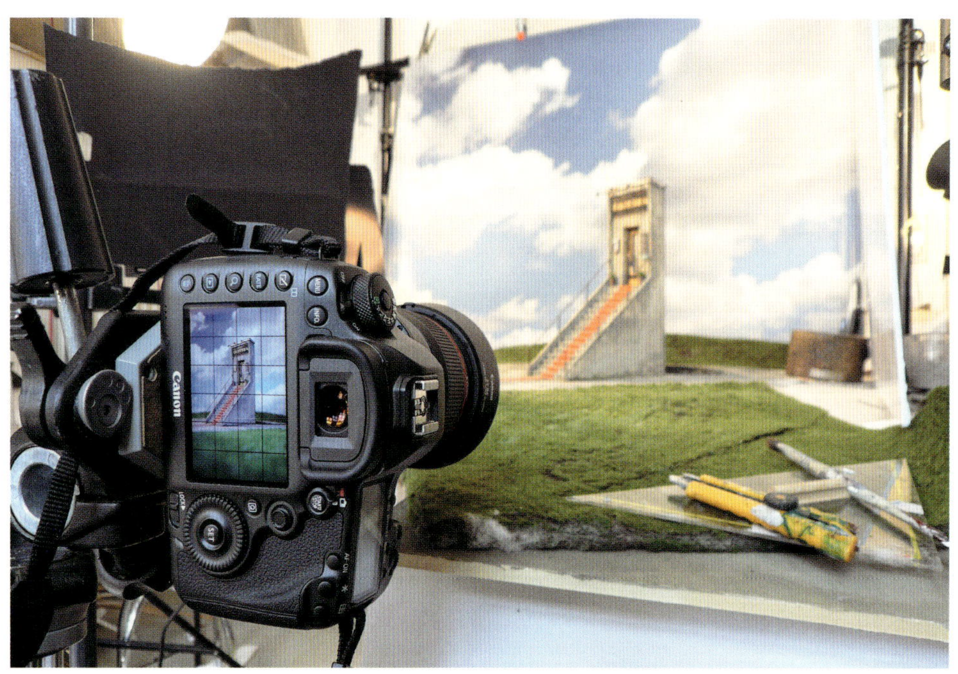

PL Du betätigst dich als Architekt, Handwerker und Fotograf in einer Person, aber eine entscheidende Funktion fehlt mir noch in dieser Aufzählung: Du bist nämlich auch ein exzellenter Titelgeber. Die Pointe Deiner Arbeiten ergibt sich oft erst aus so wunderbaren Titeln wie *Tiefschlaf* (S. 39), *Beobachtungstürme* (S. 41) oder *Aus heiterem Himmel* (S. 47). Im Zusammenspiel von Szene und Titel entspinnt sich eine philosophische Tiefe für den Betrachtenden. Wie gelingt Dir diese Treffsicherheit bei der Titelwahl? Kann auch das gepflegte Wortspiel Ausgangspunkt einer Idee sein?

FK Es freut mich, dass Du das so siehst. In der Tat spielt der Titel für mich bei vielen meiner Bilder eine wichtige Rolle. Ich finde die Wirkung von gesprochener oder geschriebener Sprache als Form des menschlichen Ausdrucks immer wieder faszinierend. Worte können einen großen Interpretationsspielraum bieten. Was will jemand sagen und wie wird es vom Gegenüber verstanden? In diesem Spannungsfeld bewegt sich das Verhältnis von Titel und Foto. Dabei kann durchaus auch das gepflegte Wortspiel der Ausgangspunkt einer Idee sein – vorausgesetzt, es steckt für mich ein Gedanke dahinter, der über die bloße Pointe hinausgeht. Dadurch, dass ich das Wort auch mal beim Wort nehme oder übertreibe, versuche ich mich im Spiel mit Sinn und Bedeutung.

PL Die bloße Pointe ist nie Dein Ansinnen. Von Peter Ustinov stammt der Ausspruch: »Humor ist einfach eine komische Art, ernst zu sein.« Dein Humor scheint mir einer, in dem immer Bedeutsamkeit und Redlichkeit mitschwingen, und der so Publikum und Kritik gleichermaßen entzückt. Eigentlich wird derjenige, der sich des Humors bedient, im Feld der Kunst eher argwöhnisch beäugt. Wie charakterisierst Du selbst Dein Verhältnis zum Humor? Und ist Humor etwas, das Du in anderen künstlerischen Arbeiten goutieren kannst?

FK Den Satz von Peter Ustinov kannte ich noch nicht, aber ich finde ihn sehr treffend. Für mich hat guter Humor ein großes Maß an Ernsthaftigkeit, sonst fehlt

FK I wasn't familiar with the sentence from Peter Ustinov, but I find it very apt. For me, good humor has a lot of seriousness, otherwise it lacks substance. It also needs to be manifested in different ways: sometimes black, sometimes subtle and quiet, but also sometimes silly or crazy—but it should always be clever. And it doesn't hurt when empathy, attentiveness, and devotion stand behind it. Seen as a whole, life is a wild mixture of tragedy and comedy—the one will not function without the other in the long run. When I look at the art world, I feel that this aspect is ignored too often. I was always concerned to combine both in my works. I know that it does not necessarily improve my chances of acceptance on the art market, but in the meantime, I can no longer complain about a lack of response. I never wanted to create my works for very specific social circles but just for people who are open to my way of seeing the world. And, of course, I am always curious about different sorts of art—including works that view life with humor, whether caricatures, original stop-motion movies, or films in which I am weeping at one point and bent over laughing the next.

PL You say that comedy does not function without tragedy. One recognizable pattern in your works is causing conflicting forces to meet. For example, your scenes are often covered with a veil of nostalgia, which is reflected in the comfortable if also somewhat fusty furnishings. At the same time, in a scene like *Zimmer mit Aussicht* (*A Room with a View*, p. 43) the view out of the cramped living room is directed through the open window into the infinity of the sky, which thus becomes a projection screen for the utopian. Such works express a feeling of manageability and security as well as a yearning for the uncertain and an unbridled need for freedom. Is human existence in Kunert's world one that draws its energy precisely from these contradictions?

FK I believe so and can well imagine that the people who populate my scenes also need these contradic-

ihm die Substanz. Er darf auch verschiedene Ausprägungen haben: mal schwarz, mal subtil und leise, auch mal albern oder durchgeknallt – aber immer sollte er klug sein. Und wenn Einfühlungsvermögen, Achtsamkeit und Hingabe dahinterstecken, ist das kein Nachteil. Das Leben ist im Ganzen gesehen eine wilde Mischung aus Tragik und Komik – das eine funktioniert auf Dauer nicht ohne das andere. Wenn ich in die Kunstwelt blicke, wird dieser Aspekt nach meinem Empfinden zu oft vernachlässigt. Mir war es immer ein Anliegen, beides in meinen Arbeiten zu verbinden. Ich weiß zwar, dass dies die Chancen auf Akzeptanz auf dem Kunstmarkt nicht unbedingt größer gemacht hat, aber mittlerweile kann ich mich über mangelnde Resonanz nicht mehr beschweren. Ich wollte meine Arbeiten nie für ganz bestimmte gesellschaftliche Kreise machen, sondern einfach für Menschen, die offen sind für meine Art, die Welt zu sehen. Und natürlich bin ich stets neugierig auf andere Kunst ganz unterschiedlicher Ausprägung – dazu gehören auch Werke, die das Leben mit Humor betrachten, seien es Karikaturen, originelle Stop-Motion-Movies oder Filme, bei denen mir im einen Moment zum Heulen ist und ich mich im nächsten vor Lachen biegen könnte.

PL Du sagst, Deine Komik funktioniere nicht ohne Tragik. Ein erkennbares Muster in Deinen Arbeiten ist es, widerstreitende Kräfte aufeinander treffen zu lassen. Oft sind Deine Szenen zum Beispiel mit einem Schleier aus Nostalgie überzogen, was sich in den gemütlichen, wenn auch etwas spießigen Einrichtungen widerspiegelt. Gleichzeitig wird in einer Szene wie *Zimmer mit Aussicht* (S. 43) der Blick aus der Enge des Wohnzimmers durchs offene Fenster in die Unendlichkeit des Himmels gelenkt, der damit zu einer Projektionsfläche für das Utopische wird. In Arbeiten wie diesen drückt sich sowohl ein Gefühl von Überschaubarkeit und Sicherheit als auch ein stilles Sehnen nach dem Ungewissen und ein ungezügeltes Bedürfnis nach Freiheit aus. Ist das menschliche Dasein in der Kunert-

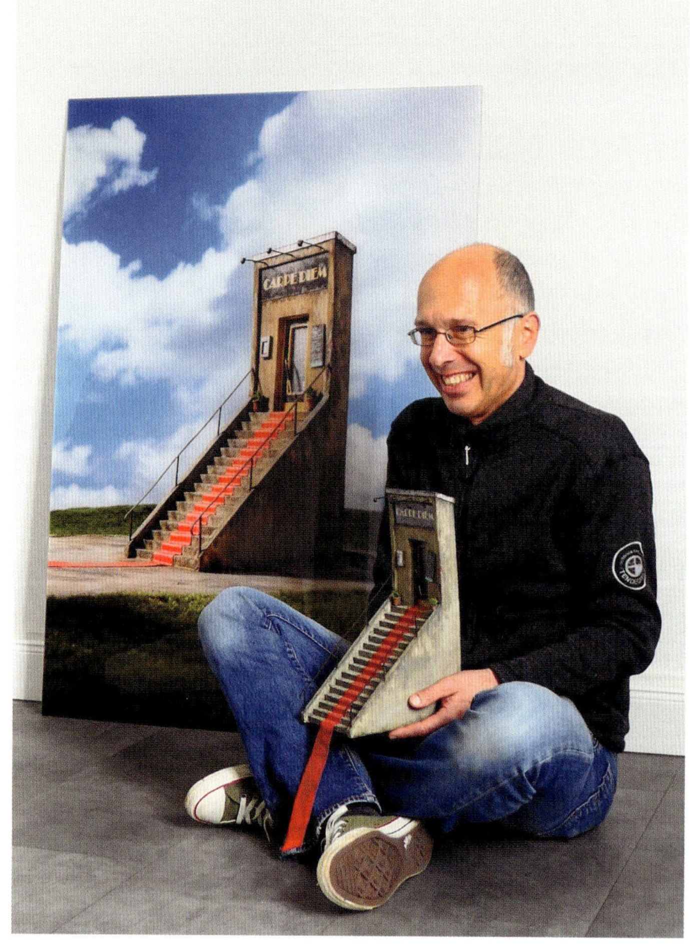

Welt eines, das genau aus diesen Widersprüchen
seine Energie bezieht?

FK Das glaube ich schon und kann mir gut vorstellen,
dass die Menschen, die meine Szenen bevölkern,
diese Gegensätze auch irgendwie brauchen. Sie haben
sich wahrscheinlich ganz gut arrangiert mit dem selt-
samen Leben, in dem man diese ganzen Widersprüche
aushalten muss. *Zimmer mit Aussicht* (S. 43) oder auch
das bereits erwähnte *Hoppe, hoppe, Reiter* (S. 38) sind
hierfür sicherlich gute Beispiele. Ohne zwei sich ergän-
zende Kräfte gäbe es nicht das Ganze. Sie kommen
ohneeinander nicht aus, erst durch ihr Aufeinandertref-
fen entsteht Ausgewogenheit. Die große Frage ist aber
immer wieder, wann das Verhältnis stimmt, und man
kann dies wohl nur sehr individuell beantworten. So
würde ich es auch bei der Sehnsucht nach Geborgen-
heit und dem Drang nach Freiheit sehen. Die beiden
im Widerspruch stehenden Bedürfnisse sollen in
meinen Arbeiten immer wieder ihre Anteile ausfech-
ten: Wie viel Sicherheit verträgt man, ohne sich ein-
geengt oder gar isoliert zu fühlen? Wie viel Freiheit
braucht man, ohne dass die Angst vor Gefahren als
zu groß empfunden wird? Ein klares Ergebnis steht
noch aus und so wird es zukünftig bestimmt weitere
Bilder von mir zu diesem Thema geben.

PL Vielfältige Bedürfnisse, zu wenig Sicherheit, häu-
fige Einengung, fehlende Freiheit oder zu viel davon,
nostalgische Sehnsucht versus Modernitätsstreben:
Das sind Themen, die bei Dir verhandelt werden. Der
Mensch ist unzähligen Erwartungen von außen und
selbstgestellten Ansprüchen ausgesetzt. Dein Buchtitel
Carpe Diem wirkt wie ein etwas angestaubter Leit-
spruch und ist gleichzeitig als Marketingbegriff omni-
präsent. Tatsächlich heißen so auch neue Teegetränke
und Achtsamkeitsworkshops. Ist *Carpe Diem* ein Impe-
rativ, der für Dich selbst noch mit Sinn erfüllt ist, und
gibst Du diesen als Linderung für jene mit, denen von
den Fallhöhen Deiner dargestellten Welt ein bisschen
blümerant wird?

two contradictory needs are always fighting over their
shares in my works: How much security can one bear
without feeling closed in or even isolated? How much
freedom does one need without the fear of danger
becoming too great? There is still no clear result, and
so I will certainly be taking photographs on that theme
in the future.

PL Diverse needs, too little security, recurrent limita-
tion, a lack of freedom or too much of it, nostalgic
longing versus striving for modernity: those are themes
you address. Human beings are exposed to countless
expectations from the outside and ambitions they
set themselves. The title of your book, *Carpe Diem*,
sounds like a somewhat shopworn motto and is at
the same time omnipresent as a marketing slogan.
Indeed, it used to name new tea drinks and attentiveness workshops. Is *Carpe Diem* an imperative that still
has meaning for you, and do you offer it as relief to
those who are made a little queasy by the heights of
the falls in the world you depict?

FK It is indeed as you say. *Carpe Diem* seems to be
all-present—your list could be continued at will, since
retirement communities, temp work agencies, and
hair salons also bear that name. Why should this book
as well? Despite the shopworn effect of the saying
and its almost excessive use, the need to heed it
seems especially strong in our hectic and unmanage-
able world. Even if I certainly have an ambivalent
relationship to this slogan, I am happy to embrace it.
When I was searching for a title for this new volume,
I almost automatically chose the photograph with that
title. I had the feeling that many of the works it con-
tains suit that theme. And they often seem old-fash-
ioned as well. The heights of the falls in the world I
depict of which you speak are, on the one hand,
countered by the title; on the other hand, I think it
shows that we have to do something good for our-
selves in the face of the small and large catastrophes
in our lives. They can be small things as well. You

FK Es ist tatsächlich, wie Du sagst. *Carpe Diem* scheint allgegenwärtig zu sein, Deine Aufzählung ließe sich noch beliebig fortsetzen – denn etwa auch Seniorenheime, Zeitarbeitsfirmen und Friseursalons tragen diesen Namen. Warum jetzt auch noch dieses Buch? Trotz der angestaubten Wirkung des Spruchs und einer gleichzeitig beinahe schon inflationären Verwendung scheint das Bedürfnis, ihm zu folgen, gerade in unserer hektischen und unübersichtlichen Welt besonders groß zu sein. Auch wenn ich ein durchaus ambivalentes Verhältnis zu diesem Schlagwort habe, schließe ich mich da gerne ein. Als ich einen Titel für diesen neuen Band suchte, fiel die Wahl durch das Bild mit demselben Namen fast automatisch. Ich hatte das Gefühl, dass viele der enthaltenen Arbeiten zu diesem Thema passen. Und etwas altmodisch kommen sie ja oft auch daher. Die Fallhöhe meiner dargestellten Welt, von der Du sprichst, wird zwar einerseits durch den Titel konterkariert, andererseits zeigt dies für mich, dass wir uns angesichts der kleinen und großen Katastrophen in unserem Leben Gutes tun sollten. Das können gerade auch die kleinen Dinge sein. Man muss ja nicht gleich mit einem Achtsamkeitsworkshop anfangen, vielleicht tut es auch das genussvolle Blättern in einem Bildband gleichen Namens.

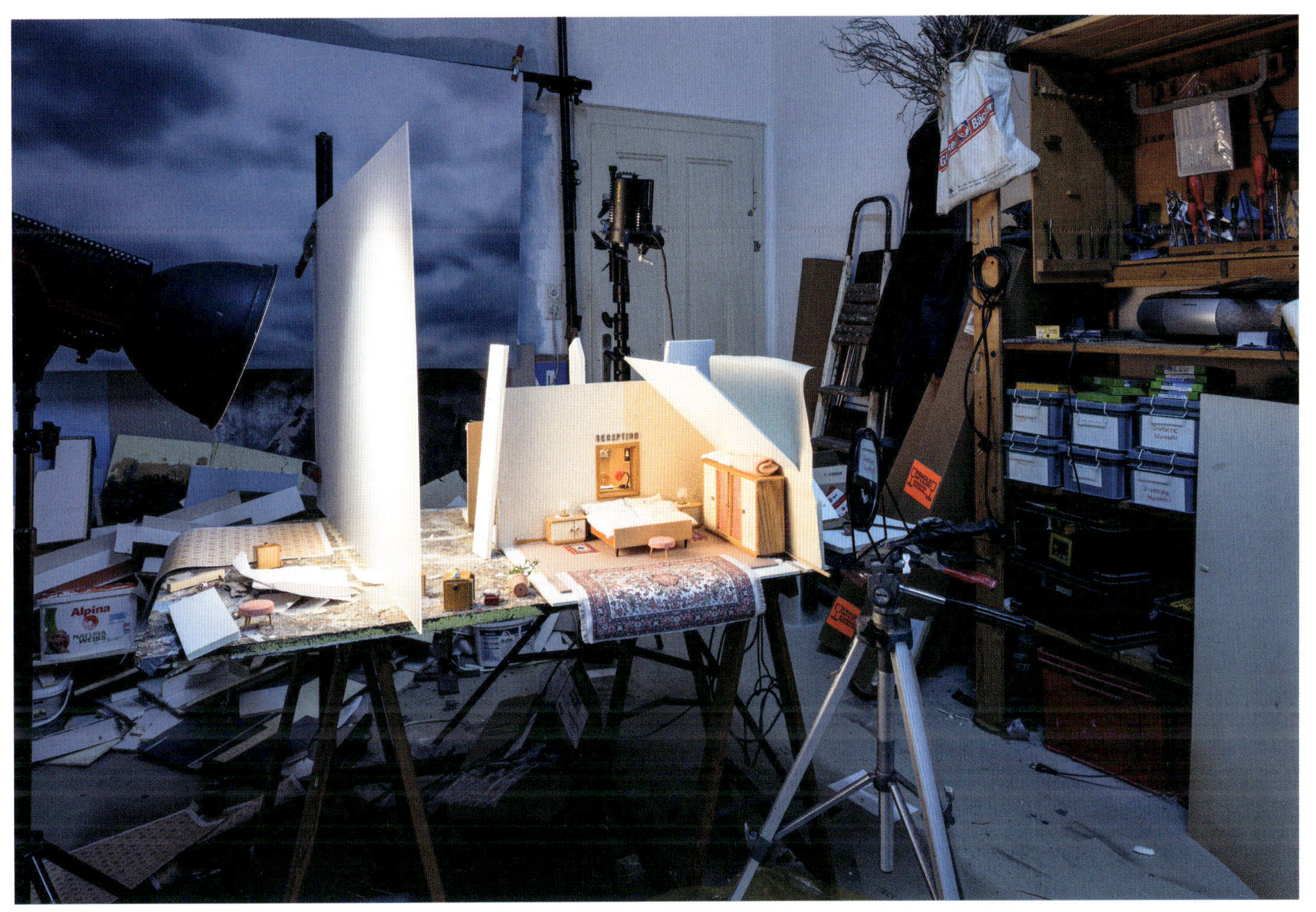

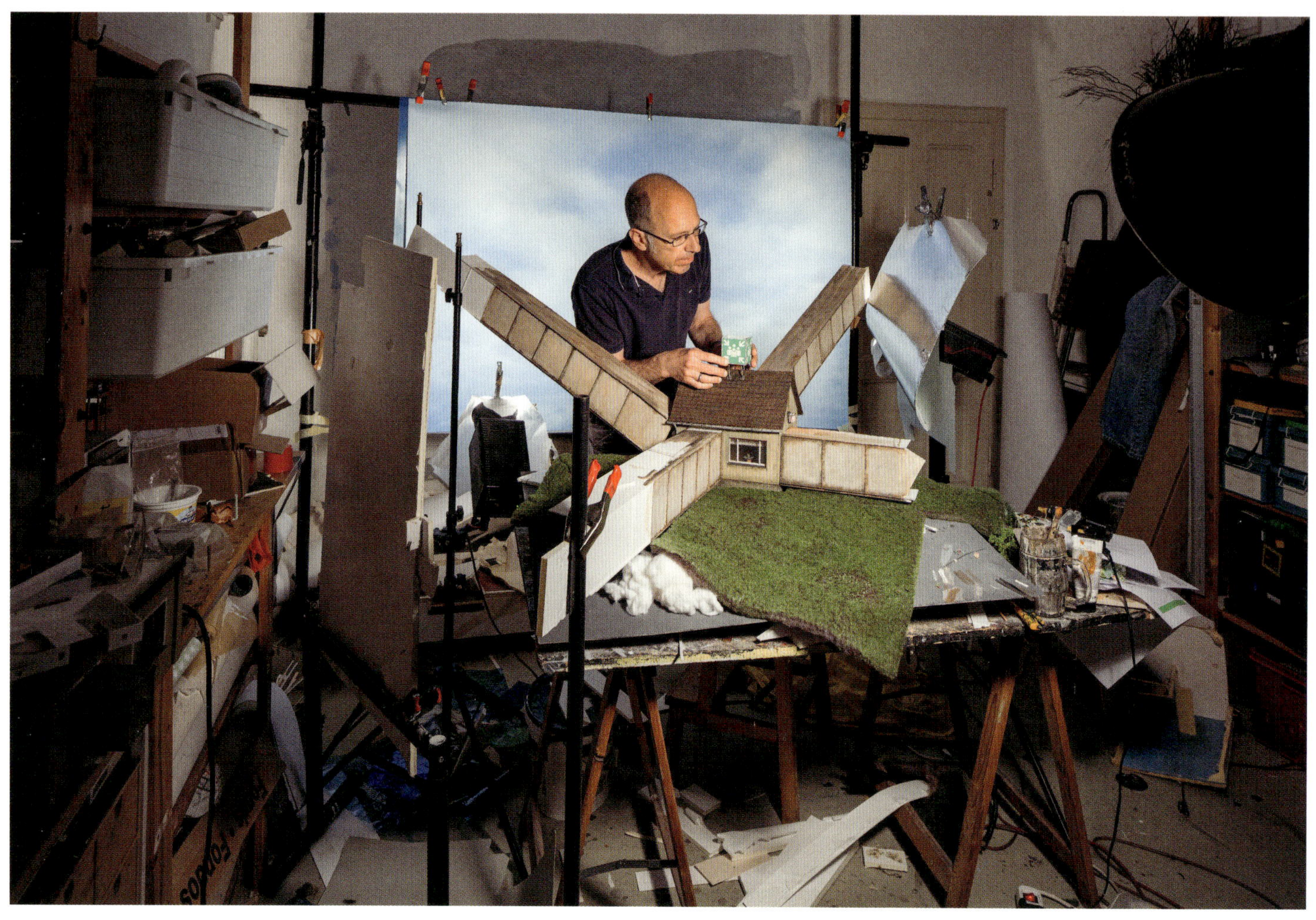

1963 in Frankfurt am Main geboren und im Rhein-Main-Gebiet aufgewachsen, fing Frank Kunert als Jugendlicher mit dem Fotografieren an und interessierte sich zunächst besonders für Landschaftsaufnahmen. Nach dem Abitur entschloss er sich zu einer Ausbildung zum Fotografen und lernte dabei die Arbeit im Studio kennen. Die Möglichkeit, bei künstlichem Licht Illusionen zu erzeugen, faszinierte ihn schon damals, und seit Langem liegt der Schwerpunkt seines Schaffens auf dem Gestalten und Fotografieren von Miniaturkulissen. Davon kann er mittlerweile so gut leben, dass er zahlreiche Häuser und Autos besitzt – vorwiegend im Maßstab 1:12 bis 1:43.

Frank Kunerts Arbeiten werden regelmäßig bei Ausstellungen im In- und Ausland präsentiert. Für sein Werk erhielt der Künstler mehrere Auszeichnungen, darunter der Heinrich-Zille-Karikaturenpreis, die Silbermedaille des Biennial Dimensional Salon in New York und der Deutsche Fotobuchpreis in Silber. Kunert ist Mitglied des Berufsverbandes Bildender Künstlerinnen und Künstler Rheinland-Pfalz sowie der Deutschen Gesellschaft für Photographie (DGPh). Gemeinsam mit seiner Frau lebt er in Boppard am Rhein.

Vor *Carpe Diem* sind bereits die Bildbände *Verkehrte Welt* (2008), *Wunderland* (2013) und *Lifestyle* (2018) im Hatje Cantz Verlag erschienen.

Born in Frankfurt in 1963 and raised in the Rhine-Main region, Frank Kunert began photographing as a youth and initially was especially interested in landscape photographs. After graduating from secondary school, he began training as a photographer and learned studio work in the process. The possibility of creating illusions with artificial light fascinated him already at that time, and for a long time now his creative work has been focused on designing and photographing miniature sets. He makes a good living from it and thus has numerous houses and cars—most of them on scales ranging from 1:12 to 1:43.

Frank Kunert's works are regularly presented in exhibitions in Germany and abroad. The artist has received numerous awards for his work, including the Heinrich Zille Caricature Prize, the silver medal of the Biennial Dimensional Salon in New York, and the German Photo Book Award in Silver. Kunert is member of the Professional Association of Fine Artists of Rhineland-Palatinate and of the German Society for Photography. He lives with his wife in Boppard on the Rhine.

Carpe Diem was preceded by the volumes *Topsy-Turvy World* (2008), *Wunderland* (2013), and *Lifestyle* (2018), all published by Hatje Cantz.

HERAUSGEBER EDITOR
Frank Kunert

PROJEKTMANAGEMENT PROJECT MANAGEMENT
Tabea Häusler

LEKTORAT COPYEDITING
Fabian Reichel, Aaron Bogart

ÜBERSETZUNGEN TRANSLATIONS
Steven Lindberg

GRAFISCHE GESTALTUNG GRAPHIC DESIGN
Marie Mick

SCHRIFT TYPEFACE
Neuzeit Grotesk

REPRODUKTION REPRODUCTIONS
DruckConcept, Berlin

VERLAGSHERSTELLUNG PRODUCTION
Thomas Lemaître

PAPIER PAPER
Condat matt Périgord

DRUCK PRINTED BY
DZS Grafik

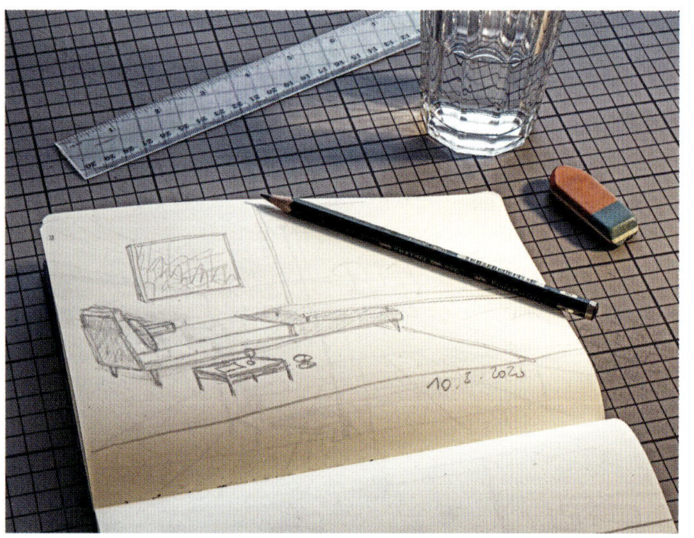

FOTONACHWEIS PHOTO CREDITS
Frank Kunert
Elizabeth Clarke (S. 74 / p. 74)

UMSCHLAGABBILDUNG COVER ILLUSTRATION
Zimmer mit Aussicht A Room with a View, 2020

FRONTISPIZ FRONTISPIECE
Carpe Diem, 2019

ERSCHIENEN IM PUBLISHED BY
Hatje Cantz Verlag GmbH
Mommsenstraße 27
10629 Berlin
Germany
www.hatjecantz.com
Ein Unternehmen der Ganske Verlagsgruppe
A Ganske Publishing Group Company

ISBN: 978-3-7757-5291-6
Printed in Slovenia

DANKSAGUNG

Bei allen, die mich bei der Entstehung dieses Buches mit gutem Auge und offenem Ohr, mit wachem Geist und Enthusiasmus unterstützt haben, möchte ich mich herzlich bedanken; ganz besonders bei Elizabeth Clarke, Tabea Häusler, Thomas Lemaître, Peter Lindhorst, Eva-Maria von Máriássy, Marie Mick, Fabian Reichel, Carsten Riffel und Nicola von Velsen.

ACKNOWLEDGMENTS

I would like to thank all those who helped me with the creation of this book with a good eye and an open ear, with an alert mind and enthusiasm. I would like to express my sincere thanks especially to Elizabeth Clarke, Tabea Häusler, Thomas Lemaître, Peter Lindhorst, Eva-Maria von Máriássy, Marie Mick, Fabian Reichel, Carsten Riffel, and Nicola von Velsen.